本书受教育部人文社会科学研究青年基金项目
"基于深度学习的企业漂绿行为识别测度、市场后果及管治策略研究"（23YJC790205）资助

东北亚研究院学者论丛

LISTED COMPANIES'
INFORMATION DISCLOSURE
AND
MARKET
RESPONSES

A STUDY BASED
ON PROSPECTUSES
AND IPO UNDERPRICING

周 阔 著

上市公司信息披露与市场反应

基于招股说明书和 IPO 抑价的研究

社会科学文献出版社
SOCIAL SCIENCES ACADEMIC PRESS (CHINA)

前　言

从全世界范围来看，各国资本市场都出现了新股发行价格普遍低于 IPO 上市首日收盘价格的"异象"，被称为 IPO 抑价现象（IPO Underpricing）。长期以来，中国 IPO 抑价率只增不减，远高于其他国家和地区成熟资本市场的平均水平，这使得投资者承受较大的后市流通性风险，同时加剧了投资者"炒新"等非理性投机行为，进一步加大了股票价格偏离内在价值即虚高泡沫化所致的金融风险。党的十九大报告明确指出，要提高直接融资比重，促进多层次资本市场健康发展，守住不发生系统性金融风险底线。IPO 是资本市场吐故纳新、健康发展的重要一环，新股价格的合理性和稳定性直接影响上市公司的融资效率以及资本市场的运行效率。在此背景下，围绕中国 IPO 抑价问题展开学理研究，对于提高中国资本市场的资源配置能力，全面建设现代金融体系和现代经济体系，具有十分重要的意义。

信息披露质量是资本市场的生命线。由于拟上市公司没有交易历史，投资者能够获取的公开信息较为有限，所以招股说明书作为公司首次公开发行股票时制作的规范性披露材料，对于外部投资者而言是极为重要的信息渠道。招股说明书文本信息向潜在投资者提供了有关发行概况、公司经营、发展定位、财务状况以及风险因素等大量重要信息，是拟上市公司向公众展示公司发展态势及管理者管理能力的"成绩单"，其披露的信息可以分为非结构化文本信息和结构化数据信息。值得注意的是，公司信息披露中的文本类定性"软信息"对于资产价格变动的影响，并不逊色于数据类定量"硬信息"，有时对于投资者而言，文本信息甚至比财务数据信息含有的信息量更丰富。那么，招股说明书文字陈述部分的"软信息"会不会影响IPO抑价，这一问题目前未有定论。

随着计算机自然语言处理技术的快速发展，上述问题的研究借助文本分析技术得以实现。本书梳理了IPO抑价、上市公司信息披露以及行为金融学的相关理论，总结了上市公司信息披露文本信息的研究现状，发现目前国内外鲜有文献研究招股说明书文本特征如何影响IPO抑价。为此，本书从文本相似度、文本可读性以及管理层语调三个维度，对招股说明书全文文本特征进行立体刻画，进而探究上述文本特征是否会对IPO抑价产生影响。同时，本书进一步下沉文本层次，聚焦招股说明书第四节"风险因素"这一具体文本对象，考察了风险因素的文本规模、文本语调和风险类别条目在新股市场中的作用。本书力图从文本"软信息"和新股市场角度，给出上市公司信息披露如何影响资本市场运行效率的答案。

首先，文本相似度是衡量招股说明书文本信息含量高低的重要指标，文本相似度越高，文本特质性价值信息就越少。本书分析了招股说明书文本相似度对IPO抑价的影响，创新性地使用文本相似度指标来衡量中文招股说明书文本质量，克服了现有中文文本研究通过定性分析或指标评分来判断文本信息披露质量的主观缺点。在理论上，利用信息不对称理论和香农信息传递理论对招股说明书信息质量与IPO抑价之间的负相关关系进行了探讨。在实证方面，以2014～2017年的A股招股说明书为文本分析对象，考察招股说明书文本相似度与IPO抑价之间的关系。研究发现，招股说明书文本相似度越高，IPO抑价程度越高，这一结论在进行稳健性检验之后仍然成立。

此外，不同市场的投资者对于文本信息含量的敏感度并不相同，上述结论在中小板市场及创业板市场样本组内更为显著。因此，发行人降低招股说明书文本相似度，提高文本信息特质性，会使得发行人与投资者双方的信息不对称程度降低，表现为 IPO 公司自身的融资成本在资本市场中会进一步下降。

其次，文本可读性影响投资者是否能够准确理解并重构招股说明书中所披露的文字信息。本书探讨了招股说明书文本可读性对 IPO 抑价的影响，从语义复杂性和词义陌生度两个维度，创建了中文金融文本可读性指标，以更加准确地测度投资者对于招股说明书所含信息的理解程度和接受程度，进一步发展了金融文本可读性研究。在理论上，基于印象管理和信息不对称理论，分析了招股说明书文本可读性对 IPO 抑价的影响机制。同时，实证研究发现，招股说明书文本可读性越低，IPO 抑价程度越高，该结论在进行稳健性检验后仍然成立。同时，招股说明书文本可读性对 IPO 抑价影响的方向和程度会受到机构投资者持股比例以及公司产权性质的影响，在高机构投资者持股比例样本组内，招股说明书文本可读性与 IPO 抑价具有显著负相关关系；招股说明书可读性与 IPO 抑价负相关关系仅在非国有企业组成立，上述关系在国有企业组内不存在。同时发现，招股说明书文本可读性越低，上市首日换手率越高，上市后公司业绩表现越差。

再次，管理层语调作为文本增量信息对资产价格变动起到至关重要的作用。本书考察了招股说明书管理层语调对 IPO 抑价的影响，基于中文语言和金融信息披露词汇特点，创建了中文招股说明书情感词汇列表。在理论上，以投资者非理性为研究视角，厘清了招股说明书管理层语调对 IPO 抑价的影响机制。实证研究则发现，招股说明书管理层净正面语调提高了 IPO 抑价程度，管理层所用正面词语越多，IPO 抑价程度越高，并未发现负面词语对 IPO 抑价的显著影响；上述结论会受到信息透明度、文本可读性、机构投资者持股比例以及市场情绪的影响。进一步的研究发现，招股说明书中的管理层语调是 IPO 新股长期市场表现的弱信号，并不具备持续效应；当管理层在招股说明书文本中使用了更多的正面词语时，IPO 业绩"变脸"的可能性更大；支付更高承销费用的拟上市公司在对外信息传递过程中往往伴随着更少的负面描述。

最后，风险因素是指对发行人生产经营状况、财务状况和持续盈利能力产生重大不利影响的因素，在很大程度上影响了投资者对于 IPO 价值的判断。本书研究了招股说明书风险信息披露文本与 IPO 抑价的潜在关系，从文本规模和文本语调两个维度来刻画中文招股说明书风险信息披露文本特征，试图深入考察风险信息披露文本特征对 IPO 抑价的影响并揭示其作用机理。同时，在拓展性分析中，本书利用 L－LDA 模型从风险因素文本中抽取了风险主题，为实现自动化风险文本分类工作提供了新方法和新思路。研究发现，招股说明书风险信息披露文本规模和积极文本语调显著提高了 IPO 抑价水平，上述结论在公司治理结构较为合理、公司规模较大的样本组内更为显著。同时，招股说明书披露的具体风险条目总数量越多，新股实际首日收益率越高。具体来说，财务风险条目与技术风险条目均与 IPO 抑价呈显著正相关关系，经营风险条目、其他风险条目能够起到降低 IPO 抑价的作用。以上结论说明，虽然中国中小投资者的理性投资意识与过去相比有所提高，但风险投资意识和价值投资理念仍较为薄弱，还有待进一步提高。

本书的边际贡献可能体现在三个方面。第一，本书拓宽了 IPO 抑价理论的研究边界。本书尝试探讨招股说明书文本特征对 IPO 抑价的影响机理，从信息披露角度进一步拓展了 IPO 抑价问题的相关研究，对该理论进行了丰富和拓展。第二，本书提出了一系列招股说明书文本特征测度新方法，具体包括：基于余弦相似度提出了招股说明书文本相似度计算的新方法；从语义复杂性和词义陌生度两个维度创建了中文金融文本可读性指标；创建了中文招股说明书情感词汇列表以测度招股说明书管理层语调；采用L－LDA模型提取了招股说明书风险因素中的具体风险条目。第三，提供了文本特征影响资产价格的中国证据。本书以招股说明书文本为独特研究对象，实证检验了上市公司信息披露文本特征对IPO抑价的影响，为定性信息能够影响资产价格提供了有效证据。

综上所述，本书对招股说明书文本特征进行了研究，结合中文金融文本特点，提出了金融非结构化文本信息度量的新方法。实证发现，IPO招股说明书文本相似度、文本可读性、管理层语调以及风险文本特征均与IPO抑价存在显著关系。本书研究拓宽了中文金融文本分析的研究范畴，从信息披露角度进一步丰富了IPO抑价问题的相关研究，同时为监管当局完善信息披露制度提供了新思路。

目　录

表目录

图目录

第1章　引言

1.1　IPO 抑价与信息披露

首次公开募股（Initial Public Offering，IPO），是指公司通过证券交易所首次向投资者公开发行股票，以达到募集公司发展所需资金的目的，是公司生命中的一个重要分水岭（Ljungqvist，2007）。它提供了获得公共权益资本的途径，因此可以降低公司运营和投资的资金成本。从全世界范围来看，各国资本市场都出现了 IPO 首日回报率"异象"，即新股发行价格普遍低于 IPO 上市首日收盘价格，被称为 IPO 抑价现象（IPO Underpricing）。佛罗里达大学知名金融教授 Ritter 连续多年跟踪并测度了多个国家和地区资本市场的 IPO 抑价率，根据其统计数据，1980～2019 年，美国 8610 家企业平均 IPO 抑价率为 18%，发行人"留在桌面上的钱"（Money Left on the Table）为 1720.8 亿美元；而中国 1990～2019 年 3798 家企业平均 IPO 抑价率高达 169.5%。表1-1 为 IPO 发行量较大的 10 个国家的平均 IPO 抑价率情况。

表 1-1　部分国家的平均 IPO 抑价率

单位：家，%

国家	时间区间	IPO 企业数量	平均 IPO 抑价率
美国	1980～2019 年	8610	18.0

续表

国家	时间区间	IPO 企业数量	平均 IPO 抑价率
英国	1959～2016 年	5185	15.8
中国	1990～2019 年	3798	169.5
日本	1970～2019 年	3756	46.8
印度	1990～2017 年	3145	85.2
澳大利亚	1976～2018 年	2069	19.8
韩国	1980～2018 年	2007	55.2
法国	1983～2017 年	834	9.7
德国	1978～2014 年	779	23.0

资料来源：Loughran 等（1994）。

从表1-1可以看到，中国平均 IPO 抑价率远高于其他国家资本市场的平均水平。图1-1为中国资本市场建立以来 IPO 发行数量与 IPO 抑价率各年统计情况。长期以来，中国 IPO 抑价率呈现只增不减的态势，这使得投资者承受较大的后市流通性风险（Ellul and Pagano，2006），同时加剧了投资者"炒新"等非理性投机行为，进一步加大了股票价格偏离内在价值即虚高泡沫化所致的金融风险。

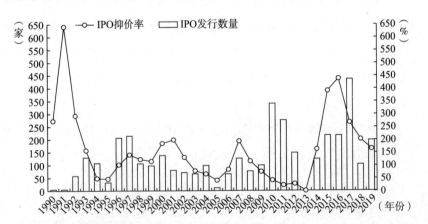

图1-1 1990～2019 年中国 IPO 发行数量与 IPO 抑价率统计情况

资料来源：https://site.warrington.ufl.edu/ritter/files/IPOs-China.pdf。

现阶段，中国证券市场面临严重的信息不对称，其中发行市场中 IPO 公司与投资者之间的信息不对称是证券市场最显著、最普遍、最难控制，对投资者决策产生实质性影响的信息不对称形式。招股说明书作为公司首次公开发行股票时制作的规范性披露材料，不仅是 IPO 公司与投资者进行信息交流的主要载体，向潜在投资者提供有关发行概况、公司经营、发展定位、财务状况、风险因素等大量重要信息，也是拟上市公司向公众展示公司发展态势及管理者管理能力的"成绩单"。这决定了招股说明书文本信息对于投资者准确判断公司前景、进行理性投资决策具有重要的参考价值，从而使得招股说明书文本特征极有可能对资产定价产生一定影响。

过去半个世纪以来，在计算机信息处理能力指数级提高以及互联网搜索引擎急速发展的大背景下，文本分析技术已经以多元化方式渗透并应用到大多数学科中，特别是在金融学领域中，其应用价值日益凸显（沈艳等，2019）。在金融文本信息披露的研究中，早期研究由于技术所限，仅能采用人工阅读的方式识别文本信息。但随着文本数量的增加，该方法不仅耗时耗力，提取信息的精度也由于阅读者理解能力的差别而受到制约。因此，多数学者开始将计算机处理技术引入文本大数据的分析。在会计及金融领域中，以计算机自然语言处理为基础的文本分析方法，已经成为一部分实证研究的研究基础和技术手段，也引领了当前经济学研究的新范式。同时，上市公司年报季报、招股说明书、业绩说明会、季度盈余公告及盈余电话会议等信息披露文本，媒体报道、分析师报告等第三方信息中介文本，以及社交平台、股票论坛等投资者意见文本，都为学者们开展相关研究提供了新颖、充足的研究素材。文本分析在金融学研究领域中的作用是，"解决了许多长期想解决而没有解决的难题，办成了许多过去想办而没有办成的大事"。

目前，已有不少学者开始关注上市公司所披露的文本信息是否与数据信息一样，会对资产价格产生显著影响。从文本内容来看，上市公司所提供的经营范围、经营现状、关系网络、市场战略、风险要素、未来发展前景等信息能够显著影响外部信息使用者的决策（Li，2008；Hanley and Hoberg，2010；Garcia and Norli，2012；Bao and Datta，2014；Hoberg and Phillips，2016；Zhao et al.，2020）。从文本特征来看，可读性（文本信息是否便于阅读者理解）、语调（文本信息是正面的还是负面的）、相似度（文本信息与历史或同行披露信息的相似程度）也对股票价格产生了不同程度的影响（Brown and Tucker，2011；Loughran and McDonald，2011，2014；Jegadeesh and Wu，2013）。已有研究证明了上市公司信息披露文本确实具有一定的信息价值，但仍存在以下不足。

首先，已有文献多以美国等成熟资本市场为研究样本，而上市公司信息披露文本能否影响中国资本市场特别是IPO市场运行效率目前未有定论。根据《上海证券交易所统计年鉴（2019卷）》，截至2018年底，中国A股开户总数为21279.9万户，其中自然人投资者开户21213.7万户，占比高达99.69%；2018年自然人投资者持股账户数占比为99.78%。现阶段，中国证券市场仍以散户为交易主体，投资者的信息处理能力和理性投资意识都较为有限（陈炜等，2013），而解读文本信息相比解读数据类定量信息需要投资者具备更高水平的分析能力和更为丰富的专业知识。因此，有必要就文本信息如何影响资产价格这一问题给出中国资本市场的实证答案。

其次，已有文献在进行金融文本挖掘时分析对象主要集中在股票论坛、分析师研报、新闻媒体报道以及上市公司年报上（Loughran and McDonald，2016）。由于招股说明书全文文本篇幅较长、字数较多，相关人工及计算机自动化预处理工作量较大，以招股说明书文本全文作为研究对象的相关文献实属不多。目前，对于招股说明书"软信息"披露的学术研究仅局限在信息含量（Hanley and Hoberg，2010）、信息模糊性（Arnold et al.，2010）、管理层保守主义（Ferris et al.，2013）等方面，而针对招股说明书文本特征以及其与新股市场资产价格关联性的系统性研究并不多见。

最后，中文语言特点使得中国无法直接借鉴已有方法。针对不同语料，学者们所提出的文本特征测度公式都有其适用的特殊限定范围（王蕾，2017）。以文本可读性为例，美国证监会前主席 Cox 在马歇尔大学商学院公开演讲时指出，迷雾指数（Fog Index）和弗莱士公式（Flesch）可以很好地测度简明英语在信息披露文件中的应用水平。然而，在中文研究中，却无法直接用"拿来主义"利用这两个应用较为广泛、比较有代表性的文本可读性公式。一方面，基于英文文本特点所提出的测度方法不适用于中文文本，例如，英文中按音节长短来区分难易单词，而中文的单音节词并无长短之说；另一方面，以考察教材难易、外语教学为目的的方法不适用于招股说明书这类金融文本。这两方面因素决定了不能简单地照搬照抄现有可读性公式，需要中国学者按照"本土化"原则创建自己的文本特征测度公式。

综合以上分析，中文招股说明书文本特征能否影响以及如何影响中国 IPO 市场表现值得进一步考察。本书将应用文本分析技术，以信息不对称理论、信号理论、行为金融学理论、印象管理理论等为基础，从理论分析与实证分析两个角度，探究中文招股说明书文本对投资者决策行为及资本市场运行效率的影响。

1.2　研究意义

1.2.1　理论意义

近年来，随着财务报表和附注等数据类"硬信息"标准化、趋同化，非数据文本类"软信息"逐渐受到学者们的关注。上市公司信息披露中的文本类定性"软信息"对于资产价格变动的影响，丝毫不逊色于数据类定量"硬信息"（Brockman and Cicon，2013），甚至有时对于投资者而言，文本信息比财务数据信息的信息含量更为丰富、更加直观。文本信息的特征研究已成为公司信息披露研究领域中的前沿问题（Loughran and McDonald，2016）。然而，文本信息在中国IPO新股发行市场中的影响力亟待深入探究，尚未形成具有代表性的统一研究结论。由此，本书重点挖掘招股说明书信息披露文本，探讨其文本特征对IPO市场反应的影响，其理论意义主要体现在以下几个方面。

第一，拓宽了IPO抑价理论的文献边界。在以往解释IPO抑价成因的研究中，比较经典的包括投资银行模型（Baron，1982）、赢者诅咒模型（Rock，1986；Koh and Walter，1989）、逆向选择模型（Beatty and Ritter，1986）、信号显示理论（Allen and Faulhaber，1989；Welch，1989）等，归纳起来多是基于信息不对称视角来展开分析。在IPO过程中提高信息披露质量有利于降低信息不对称和IPO抑价程度（Fishe et al.，2014；郝项超、苏之翔，2014）。招股说明书作为公司首次上市公开发行股票时制作的规范性文件，是上市公司提供给公众的非常重要的公司经营信息和财务信息的全面披露材料，其文本信息含量对于投资者准确把握公司经营情况、理性进行投资决策有着十分重要的影响和参考价值。本书尝试探讨招股说明书文本信息对IPO抑价的影响机理，对IPO抑价理论进行了丰富。本书从投资者对招股说明书文本信息含量获取的角度出发，以文本相似度、文本可读性以及管理层语调三个维度为分析路径，探究了招股说明书全文文本特征是否影响以及将如何影响新股上市的首日表现；同时，以招股说明书风险因素部分作为重点研究文本，结合风险文本自身特征，分析并讨论了其文本特征和信息含量在IPO市场中的作用，这对于探究IPO抑价问题有着十分重要的理论意义。

第二，丰富了中文金融文本特征的研究方法。从研究内容来看，本书提出并完成了中文金融文本信息含量的多维度量。一是基于余弦相似度提出了招股说明书文本相似度计算的新方法，以此甄别哪些招股说明书套用较为明显、信息同质化较为严重。二是基于语义复杂性和词义陌生度两个维度创建了中文金融文本可读性指标，以此更加准确地测度投资者对于中文招股说明书所含信息的理解程度和接受程度，进一步发展了中文文本的可读性研究。三是创建了中文金融文本情感词典，并对招股说明书的管理层语调进行尝试性度量。部分学者对于中文财经媒体语调已经做了相关研究（谭松涛等，2014；汪昌云等，2015；聂左玲等，2017），但国内对于中文金融文本管理层语调的测度却不多见。林乐和谢德仁（2017）、甘丽凝等（2019）研究了业绩说明会中的管理层语调，然而业绩说明会属于上市公司自愿性信息披露范畴，且文本内容以口语化形式为主；周波等（2019）、底璐璐等（2020）虽然研究了上市公司年报管理层语调，但仅使用 L&M 词典的中文翻译。本书构建的中文金融文本情感词典主要针对年报季报、招股说明书等上市公司强制性信息披露文本，具有较强的研究通用性，也为后续学者进行中文金融文本语调研究提供了一定的研究基础和研究便利。四是首次基于有监督的机器学习模型（L–LDA）提取了招股说明书风险因素中的具体风险条目，拓展了使用机器学习方法识别中文风险信息的研究领域。

第三，提供了文本信息影响资产价格的中国证据。本书以招股说明书文本为独特研究对象，实证检验了上市公司信息披露文本特征对 IPO 市场表现的影响，为定性信息能够影响资产价格提供了有效证据。本书研究有如下四点发现。首先，招股说明书文本相似度越高，意味着此招股说明书的信息含量越低，导致 IPO 抑价程度越高，且上述关系在主板、创业板和中小板的分样本中显著存在。其次，招股说明书文本可读性越低，IPO 抑价程度越高，且上述结论在进行稳健性检验后仍然成立；招股说明书文本可读性对 IPO 抑价的影响在高机构投资者持股比例、非国有企业样本组内更为显著；进一步研究表明，招股说明书文本可读性越低，上市首日换手率越高；招股说明书文本信息可读性与上市公司财务表现呈现正相关关系。再次，招股说明书管理层净正面语调提高了 IPO 抑价程度，管理层所用正面词语越多，IPO 抑价程度越高，但管理层所用负面词语对 IPO 抑价并没有显著影响；上述结论会受到信息透明度、文本可读性以及机构投资者持股比例的影响；进一步研究发现，管理层语调对 IPO 抑价的影响会受到投资者情绪的影响；招股说明书中的管理层语调是 IPO 新股长期市场表现的弱信号，并不具备持续效应。最后，招股说明书风险因素部分的文本规模、文本语调均与 IPO 抑价呈正相关关系，这一结论在进行一系列稳健性检验后依然成立，且在公司治理较好、公司规模较大样本组内更为明显；同时，招股说明书披露的具体风险条目总数量越多，新股实际首日收益率越高。具体来说，财务风险条目数量与技术风险条目数量均与 IPO 抑价呈显著正相关关系，经营风险条目数量、其他风险条目数量能够起到降低 IPO 抑价的作用。

1.2.2　实践意义

党的十九大报告明确提出，要提高直接融资比重，促进多层次资本市场健康发展，守住不发生系统性金融风险底线。IPO 发行是资本市场吐故纳新、健康发展的重要一环（张劲帆等，2020），新股资产价格的合理性和稳定性直接影响公司融资效率以及资本市场的运行效率。信息披露对于提高资本市场运行效率具有重要影响，在此背景下，围绕中国 IPO 抑价问题与信息披露开展学理研究，对于提高中国资本市场的资源配置能力，全面建设现代金融体系和现代经济体系，具有十分重要的现实价值。

第一，为监管部门强化上市公司信息披露制度提供了证据支持。从本书研究结论来看，中文招股说明书的文字部分在不同程度上存在使用冗长句式、晦涩语言、模板套话等问题，提高了新股交易市场中投资者与发行公司之间的信息不对称程度，最终导致较高的 IPO 抑价水平。这一研究结论对于当前监管制度具有如下实践指导意义。

一是要重视首次公开发行股票公司的非财务信息披露质量。2012 年 5 月，中国证券监督管理委员会公布了《关于进一步提高首次公开发行股票公司财务信息披露质量有关问题的意见》，围绕如何提高 IPO 公司的财务信息质量，对包括发行人、会计师事务所、保荐机构等在内的各市场主体提出了具体的要求，但是在这之后对于 IPO 公司的非财务信息披露质量却少有提及或规定。本书研究表明，非财务信息的信息质量严重影响 IPO 市场的运行效率，特别是与 IPO 抑价密切相关，因此监管部门应对首次公开发行股票公司的非财务信息披露质量做出明确的硬性要求，包括信息真实、公开透明、对于战略信息描述更加规范清晰等。必须进一步严格加强招股说明书中的非财务信息披露，提高招股说明书所含信息的质量，避免拟上市公司管理层使用晦涩难懂的文字"混淆视听""蒙混过关"。

二是监管部门应进一步强化对于上市公司信息披露文字易读性、差异性的强制要求，可编制一套针对中文招股说明书可读性、相似性的定量度量方法，对所有拟上市公司的招股说明书在发布之前进行检测，只有达到要求的招股说明书才可以进行发布，以保证招股说明书语言直白、简单易懂，文本所含信息便于投资者识别理解，充分发挥好资本市场有效配置资源的功能；同时，招股说明书中非财务信息文本应个性化突出、差异性较强，能够对公司真实情况进行全面细致的介绍。

第二，为提高投资者理性投资能力提供了有力抓手。Loughran 和 McDonald（2013）应用前景理论（Prospect Theory）从事前不确定性的角度解释了美国 S‒1 文件中负面语调、不确定语调与 IPO 抑价的正相关关系，但该结论在中国资本市场中并不适用。与发达国家成熟资本市场相比，中国证券市场正处于发展阶段，中小投资者理性投资能力和价值投资理念相对不足，同时新股供需极其不平衡。从本书研究结论来看，管理层净正面语调显著提高了 IPO 抑价程度与首日换手率；管理层所用正面词语越多，IPO 抑价程度越高，但管理层所用负面词语对 IPO 抑价并没有显著影响。这一研究结论说明，现阶段中国中小投资者确实易于被信息情绪所感染，理性投资意识仍需进一步加强。

1.3　研究内容与技术路线

1.3.1　研究内容

本书共分为八章，各章的主要内容如下。

第一章，引言。首先，本章从中国 IPO 抑价"异象"出发，结合上市公司信息披露中的文本类定性"软信息"会对资产价格变动产生影响这一学术前沿问题，分析已有研究不足，阐述本书的研究背景；其次，从理论层面和实践层面两个维度，阐述本书的研究意义；再次，在研究内容和研究框架部分，介绍了全文整体的研究思路和章节安排；最后，从研究对象创新、研究方法创新以及理论解释创新三个方面总结本书的创新点。

第二章，相关理论基础。本章主要对 IPO 抑价的理论基础和文本分析的技术基础做介绍及梳理。本章对 IPO 抑价根源的相关文献从信息不对称和行为金融学两个方面进行梳理总结，阐述信息披露理论中的委托‒代理理论、信息不对称理论和公司印象管理理论，并结合投资者有限理性，为后文在理论上解释上市公司信息披露文本特征如何影响 IPO 抑价做铺垫。

第三章，上市公司信息披露文本分析文献综述。该部分主要分为四个小节进行上市公司信息披露文本分析相关文献的评述，进一步搭建本书研究的文献基础。具体而言，第一节为上市公司信息披露文本相似度研究；第二节为上市公司信息披露文本可读性研究；第三节为上市公司信息披露文本情感研究；第四节为上市公司风险信息披露文本研究。这些研究为后文考察招股说明书文本信息是否以及如何影响投资者决策行为、IPO 抑价的理论分析和实证研究提供有价值的参考依据。

第四章，招股说明书文本相似度对 IPO 抑价的影响。第一节介绍了文本相似度的基本概念及测度方法。第二节以香农信息传递理论和信息不对称理论为基础，分析了招股说明书文本相似度对 IPO 抑价的影响机制。第三节以 2014 ~ 2017 年的 A 股招股说明书为文本分析对象，给出了招股说明书文本分析的预处理过程，实证检验了招股说明书文本相似度对 IPO 抑价的影响，同时进行了稳健性检验。第四节进一步考察了招股说明书文本相似度与中国不同股票市场 IPO 抑价之间的关系。第五节对本章工作内容进行回顾与总结。

第五章，招股说明书文本可读性对 IPO 抑价的影响。第一节介绍了美国证券交易委员会（SEC）发起"简明英语"的制度背景。本章研究的文本可读性，是目前国内外学者在金融文本研究领域中探讨较为广泛的话题，因此，这一小节对现有国内外中英文金融文本可读性测度方法进行了归纳总结。第二节从印象管理和信息不对称的视角，在理论上分析了招股说明书可读性对 IPO 抑价的影响机制。第三节基于语义复杂性和词义陌生度构建中文金融文本可读性指标，实证分析了招股说明书文本可读性对 IPO 抑价的影响。第四节从上市首日换手率和上市后财务表现两个方面进一步讨论了招股说明书文本可读性。在本章最后，第五节总结了该部分的主要工作内容。

第六章，招股说明书管理层语调对 IPO 抑价的影响。本章仍以

2014～2017 年的中文招股说明书为文本挖掘对象，从投资者非理性角度来研究 IPO 公司信息披露中的管理层语调如何影响投资者的投资决策。第一节简要概述文本情感分析的常用方法，包括机器学习法和词袋法。第二节给出了招股说明书管理层语调对 IPO 抑价的影响机理分析。第三节仍然基于前文相同数据，实证分析了招股说明书管理层语调在新股发行市场中的短期效应，并从信息透明度、文本可读性和机构投资者持股比例三个方面对上述问题进行了异质性分析。第四节对招股说明书管理层语调在资本市场中的影响进行拓展性讨论。第五节考察了招股说明书文本特征对 IPO 抑价的联合效应。第六节进行本章总结。

第七章，招股说明书风险信息披露文本对 IPO 抑价的影响。第四章、第五章、第六章分别从文本相似度、文本可读性和管理层语调维度考察了招股说明书文本特征对 IPO 抑价的影响，在第七章，本书以招股说明书中极具信息含量的文本——风险因素文本为研究对象，系统考察其文本特征及风险条目在 IPO 市场中的信息功能。第一节分析招股说明书风险因素文本特征对 IPO 抑价的影响机制。在此基础上，第二节对上述影响机制进行实证分析和稳健性检验，第三节就两职合一与公司规模进行异质性分析。第四节应用 L－LDA技术提取招股说明书具体风险条目，并就其与 IPO 抑价的关系进行讨论分析。最后，在第五节中对本部分内容和结论进行总结。

第八章，主要结论、实践启示与研究展望。根据前述七章的理论分析和实证结果，本书发现以中文招股说明书为代表的上市公司信息披露文本的特征确实与投资者的决策存在关联关系，进而在一定程度上对中国 IPO 抑价和资产定价效率产生了影响。依据这一结论，本书提出若干实践启示和政策建议。最后围绕中国上市公司信息披露文本研究提出进一步的研究展望。

图 1 – 2 为本书研究框架。

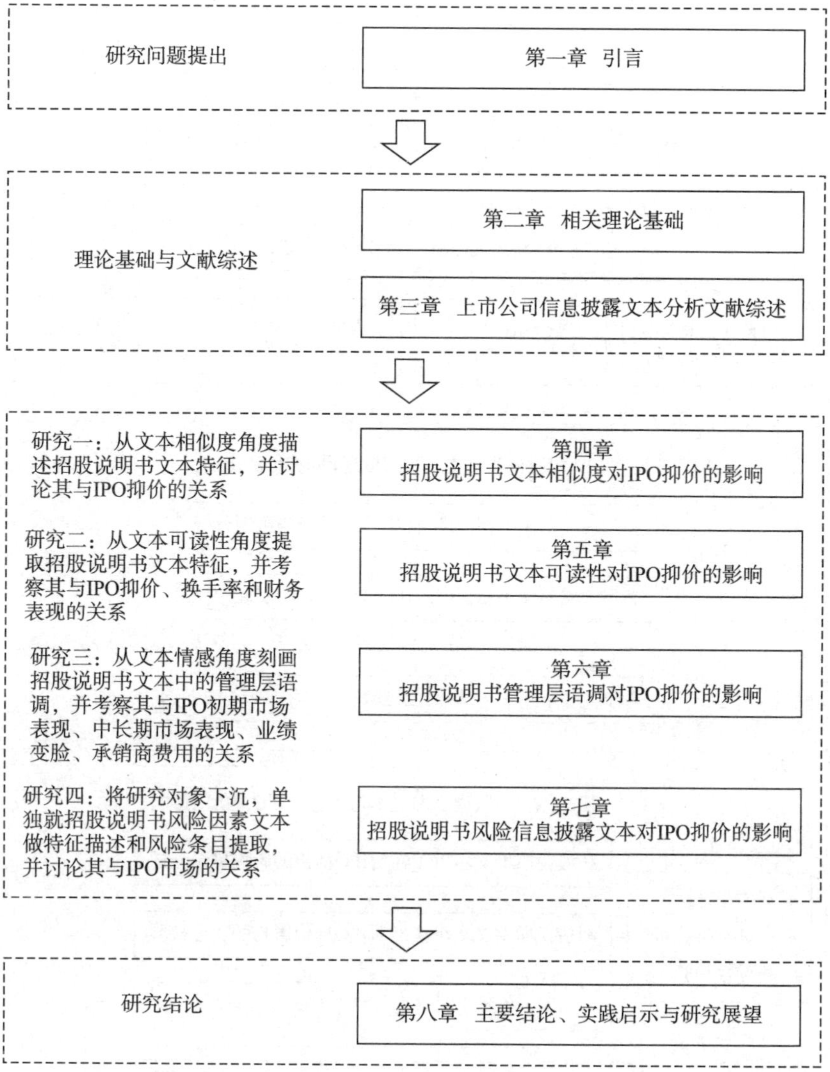

图 1 – 2 本书研究框架

| 研究问题提出 | 第一章 引言 |

| 理论基础与文献综述 | 第二章 相关理论基础 |
| | 第三章 上市公司信息披露文本分析文献综述 |

研究一：从文本相似度角度描述招股说明书文本特征，并讨论其与IPO抑价的关系	第四章 招股说明书文本相似度对IPO抑价的影响
研究二：从文本可读性角度提取招股说明书文本特征，并考察其与IPO抑价、换手率和财务表现的关系	第五章 招股说明书文本可读性对IPO抑价的影响
研究三：从文本情感角度刻画招股说明书文本中的管理层语调，并考察其与IPO初期市场表现、中长期市场表现、业绩变脸、承销商费用的关系	第六章 招股说明书管理层语调对IPO抑价的影响
研究四：将研究对象下沉，单独就招股说明书风险因素文本做特征描述和风险条目提取，并讨论其与IPO市场的关系	第七章 招股说明书风险信息披露文本对IPO抑价的影响

| 研究结论 | 第八章 主要结论、实践启示与研究展望 |

图 1 – 2 本书研究框架

1.3.2 技术路线

本书技术路线如图 1 – 3 所示。

13

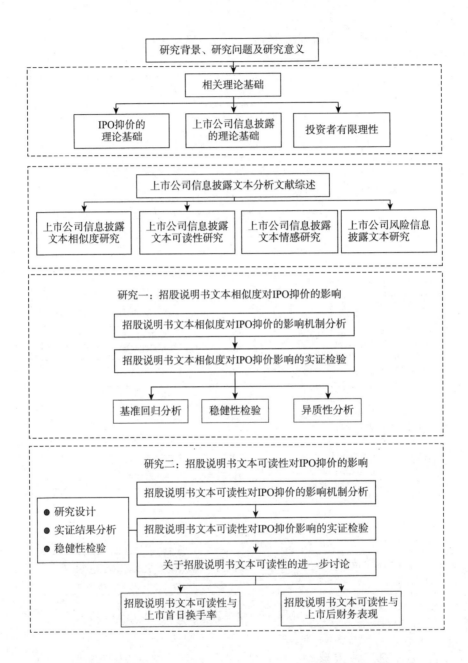

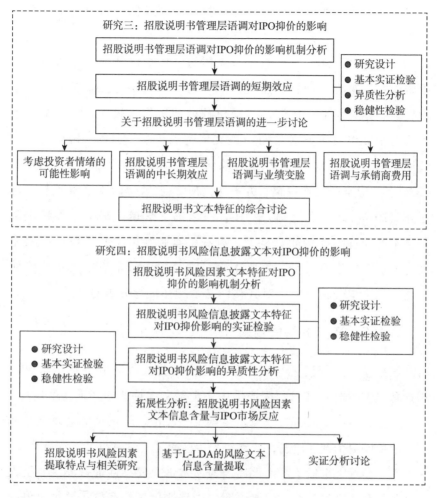

图1-3 本书技术路线

1.4 本书创新点

1.4.1 研究对象的创新

本书以中文招股说明书全文作为计算机文本挖掘对象，进一步拓宽了金融文本分析的研究范畴。已有文献进行金融文本挖掘时分析对象主要集中在股吧、分析师研报、新闻媒体报道以及上市公司年报季报、盈余电话会议方面，相应地，这些研究多数讨论投资者情绪、分析师盈余预测准确度、媒体信息传播以及公司年报信息对投资者行为影响等问题。然而，由于招股说明书全文篇幅较长、字数较多，相关人工及计算机自动化预处理工作量较大，以中文招股说明书全文作为研究对象的相关文献实属不多。目前，国内对于招股说明书"软信息"披露的学术研究仅局限在智力资本（张丹，2008）、无形资产（汪海粟、方中秀，2012）、风险因素（郝项超、苏之翔，2014；姚颐、赵梅，2016；白云霞、李璇，2020）等特定部分文本的经济维度特征分析上，可见，有必要以中文招股说明书全文为分析对象进行充分研究。本书可能是国内较早以中文招股说明书全文为文本分析对象，对其整体文本特征进行分析的文献之一。

1.4.2 研究方法的创新

区别于人工阅读、专家打分等非自动化文本研究方法，本书应用计算机文本分析技术，完成了中文金融文本特征的多维度度量。

一是针对汉语语言特征以及金融文本特征，尝试从语义复杂性和词义陌生度两个维度出发，构建4个指标衡量招股说明书文本可读性。一方面，衡量文本信息可读性需要对文本语义复杂性进行测度。受人脑处理信息能力的限制，招股说明书中表达信息的完整句子每次停顿所含词语越多，投资者处理信息的成本越高，招股说明书文本可读性越低。另一方面，阅读者对词语的了解程度也是影响理解文本信息的重要因素。在以散户为市场交易主体的证券市场中，招股说明书中会计金融术语和不常用低频词语的大量出现，会大幅提高多数散户投资者的阅读难度，导致招股说明书文本可读性降低。综上，本书使用整句平均含词量、句顿平均含词量、专业术语占比以及低频词语占比4个指标对招股说明书文本可读性进行了定量分析。

二是基于自动化情感分析，创建了针对中文招股说明书的情感词汇列表，并尝试对招股说明书的语调进行度量。在会计和金融文献中，国外研究广泛使用了以下四种不同的列表：Henry 单词列表、Harvard's GI 单词列表、Diction 积极消极单词列表以及 L&M 情感单词列表。值得一提的是，L&M 词典是首个考虑财务信息环境的金融词典。虽然 L&M 情感单词列表被广泛运用于以英语为载体的金融文本研究中，但却因英文不能直译、中文特定习惯表达等因素的存在，不能直接应用在中文金融文本研究中。本书根据中文惯用表达方式，结合金融文本特点，创建了中文招股说明书情感词汇列表。

三是从文本特征和文本信息含量两个方面，刻画了招股说明书风险因素文本。一方面，本书采用文本规模和文本语调来描述招股说明书风险因素部分的文本特征，据笔者所知，并未有研究使用此方法来描述 IPO 公司的风险因素文本；另一方面，基于 L – LDA 模型自动提取招股说明书风险条目，在中文金融文本中也属于较为科学前沿的方法。

1.4.3　理论解释的创新

本书尝试利用信息不对称、印象管理、投资者有限理性以及认知心理学等理论，探讨招股说明书文本特征对 IPO 抑价的影响机理，对资产定价理论进行丰富。首先，本书以香农信息传递理论为基础，具体阐述了招股说明书文本相似度与 IPO 抑价之间的相关关系；其次，本书从 IPO 公司进行印象管理角度出发，以信息不对称理论为基础，具体分析了招股说明书文本可读性是否以及如何影响新股实际首日收益率及其市场表现；再次，本书基于投资者非理性理论，从人类心理感知角度来研究招股说明书管理层语调如何影响投资者的投资决策，进一步丰富了管理层语调的理论研究；最后，本书将上述理论综合应用于招股说明书风险因素文本与 IPO 抑价关系的解释中，以深化对信息披露与资本定价二者关系的认知。

第2章 相关理论基础

2.1 IPO 抑价的理论基础

IPO 抑价（IPO Underprcing）是指上市公司首次公开发行股票的过程中，新股首日发行价格远远低于上市交易价格的现象，这种现象又被称为首日超额收益（Stoll and Curley，1970）。若要准确区分 IPO 抑价，即严格区分发行人、承销商的 IPO 定价与投资者首日收益率，那么从理性角度出发的一级市场概念，是指发行价格低于公司内在价值的比率，而从非理性角度出发的二级市场概念，是指收盘价格高于发行价格的比率。学者们在实证研究中普遍用 IPO 首日回报率表示资本市场中的 IPO 抑价程度，即企业在首次公开发行股票时上市首日收盘价格高出发行价格的比率。IPO 抑价现象在金融学研究领域中一直备受学者们关注和讨论，大量研究尝试从不同角度对其产生根源进行解释，总体形成了两种具有较强说服力的理论。一是基于信息不对称理论，认为市场中各参与方之间的信息不对称是 IPO 抑价产生的根源所在。二是基于行为金融学理论，认为市场中的投资者情绪是引发 IPO 抑价的重要因素。

2.1.1 基于信息不对称的解释

信息经济学在 20 世纪 60 年代迅速崛起，在此背景下，经济学者将信息经济学中的信息不对称理论引入 IPO 抑价根源这一问题的讨论中来。在 IPO 市场中，IPO 抑价是各参与主体（主要是发行人、承销商和投资者）在信息不对称情况下进行博弈的均衡结果。下面，本小节对以下经典的 IPO 抑价信息不对称理论进行介绍。

1. "赢者诅咒" 理论

Rock（1986）假设，一部分投资者总是比另一部分投资者掌握更多的有关 IPO 公司的信息，即更加了解发行股票的真实价值。完全信息占有者消息灵通，此类投资者仅投资未来具有较高收益的 IPO 公司；不完全信息占有者消息闭塞，此类投资者可能无法判断 IPO 公司的真实价值，因此会无差异地选择任意 IPO 公司进行投资（刘剑蕾，2017）。此情形就给不知情投资者施加了一个 "赢者诅咒"：在劣质 IPO 公司发行市场中，他们获得了自己申购的全部股票；在优质 IPO 公司发行市场中，他们会被知情投资者挤出。"赢者诅咒" 意味着，不知情投资者认购内在价值较低的劣质公司的股票的可能性会更大，而当不知情投资者了解自己的不利处境时，就会离开新股市场或仅投资发行价格极低的新股以避免自己遭受损失。毋庸置疑的是，一级市场依赖于不知情投资者的持续参与，因此，发行人会降低新股的发行价格以使投资者获得较高的首日回报率，吸引不知情投资者继续参与新股认购以保障新股发行成功。

2. 信号传递理论

Allen 和 Faulhaber（1989）、Grinblatt 和 Hwang（1989）以及 Welch（1989）提出，作为信息优势方的新股发行公司，为了向信息弱势方——投资者传递公司质量的信号，很可能会压低发行价格以显示公司真正的高价值。具体来说，假设有两种类型的公司，公司价值较高的好公司和公司价值较低的差公司，由于 IPO 公司与投资者之间存在严重的信息不对称，所以投资者很难准确衡量出公司的真实质量。如果投资者按照市场平均标准进行出价，那么就会出现

Akerlof（1970）所描述的"柠檬市场"现象，即价值较高的好公司被市场低估，而价值较低的差公司被市场高估，逆向选择问题在资本市场上由此而生。那么，价值较高的好公司应该如何向投资者传递其质量信息呢？高质量企业基于内部真实经营情况和发展前景等价值信息，很可能在首次发行公司股票时采用低价，以释放价值信号。虽然承受了一定的损失，但优质公司通过抑价的方式向投资者展示了其真实价值和实力，降低了劣质公司模仿其行为的可能性，保障了首次发行的成功，而实现后续增发也可以获取更多的融资以"收回"此前IPO抑价的成本。

3. 承销商垄断理论

承销商垄断理论认为，承销商与发行人之间存在信息不对称（Baron and Holmstrom，1980），即与发行人相比，承销商掌握更多的有关资本市场与投资者需求的信息，发行人委托承销商进行发行活动，从而二者形成了委托－代理关系。发行人将新股定价权交给承销商，一方面，承销商会有意识地压低新股发行价格，以保证新股能被投资者充分认购，从而降低承销失败的可能性和减轻销售压力，提高承销商声誉；另一方面，承销商为了与投资者建立良好的关系，会通过压低新股发行价格使投资者在资本市场中获得一个较为可观的收益率。

4. 事前价值不确定理论

Beatty和Ritter（1986）认为，IPO抑价与事前价值不确定性存在一个较为明显的正向关系。IPO公司业务战略、行业内地位以及未来发展前景等信息，都在一定程度上影响着投资者对新股价值的评估。发行人与投资者之间的信息不对称程度越高，投资者预测未来公司发展及业绩表现的难度越大。当面临的投资风险较大时，投资者就会要求发行人对其持有较高不确定性的资产进行补偿，因此，具有较高事前价值不确定性的公司应该在上市第一天给予投资者更高的回报率，而这会导致 IPO 抑价现象出现。

2.1.2　基于行为金融学的解释

Ritter 和 Welch（2002）认为，信息不对称可能并不是 IPO 抑价现象产生的主要决定因素，相反，非理性理论在解释 IPO 抑价方面会发挥更显著的作用。近年来，行为金融学对传统的理性经济人假设进行了修正，这为解释 IPO 抑价异象提供了一条独特的分析路径。

大量研究依据行为金融学理论，强调投资者在有限理性约束下进行 IPO 新股投资决策时，产生的乐观、激进、狂热、恐慌、沮丧等各种情绪及心理特征，会显著影响其投资行为进而影响 IPO 价格。Ljungqvist 等（2006）假设 IPO 市场中存在两类投资者，一类是投资经验较为匮乏的投资者，另一类是投资经验较为丰富的投资者。其中，经验匮乏的非理性投资者极容易受到乐观或悲观情绪的影响，产生乐观情绪的投资者可以积极买入新股进行交易，然而受到卖空限制，产生悲观情绪的投资者无法表达他们的诉求。总的来看，情绪作为市场噪声会对新股价格产生影响。经验较为丰富的理性投资者，例如，机构投资者会对发行人的未来发展前景进行较为客观的判断。为了实现募集资金最大化这一目标，发行人会先将股票配售给机构投资者，然后让其向市场中的非理性投资者出售，这样可以保证在控制市场供应量的前提下吸引非理性乐观投资者进行新股交易，进而最大可能抬高 IPO 价格。但随着非理性投资者的高涨情绪逐渐趋于冷静，机构投资者手中积压的新股不能以高价继续出售时，IPO 抑价就是发行人对其进行的一种补偿。

同时，也存在一些其他非理性假说来解释 IPO 抑价现象。投机泡沫假说认为，由于投机者的投机欲望强烈，一级市场中，新股常常被过度认购，从而导致许多投资者的需求被压制。一旦新股在二级市场交易，原有投机因素会将新股上市后的价格推到超过其内在价值的价位，产生超额报酬率。意见分歧假说认为，经典资本资产模型中对投资者预期同质性的假设是不合理的，未来市场是不确定且难以预测的，并根据投资者对资产价值估计的差异，将投资者分为乐观投资者和悲观投资者。IPO股票的价格由乐观投资者决定，投资者之间的意见分歧程度决定了股票均衡价格偏离实际内在价值的程度，且两者呈正相关。公司上市后，随着时间的推移，投资者对公司真实情况趋于了解，公司股票会逐渐归于合理。

已有国外学者利用不同市场样本和不同投资者情绪衡量指标，证实了投资者情绪的确与IPO首日回报率有显著相关关系。Derrien（2005）对投资者情绪进行研究，认为旺盛的投资者需求导致较高的IPO抑价。Campbell等（2008）发现，信息不对称仅适合解释被低估的IPO抑价，被高估的IPO比被低估的IPO抑价程度更显著，且与投资者情绪的改变呈现正相关。以投资者情绪为理论核心的非理性模型被应用在不少研究中以解释IPO抑价现象。

从国内来看，韩立岩和伍燕然（2007）最早提出了理性解释在中国资本市场中的不适用性，并基于投资者不完全理性理论，论证了投资者情绪是中国IPO之谜产生的重要因素。近年来，针对中国资本市场的现实情况和市场特点，不少国内学者也以投资者非理性行为为理论基础，从行为金融学角度探讨了中国IPO抑价现象与投资者情绪之间的关系。权小锋等（2015）认为，由于投资者存在有限理性和有限注意力，其情绪极易被群体信息描述所感染，加之中国"打新"热情高涨的投机氛围，投资者乐观情绪会使新股上市初期价格总体处于上涨态势，引发较高的IPO抑价率。王夫乐（2018）研究发现，IPO路演时高管的乐观情绪越高涨，越能引发投资者的正面情绪，继而促进其较为积极的投资行为，使得IPO抑价率较高。

2.2　上市公司信息披露的理论基础

上市公司信息披露是指，上市公司定期或临时以招股说明书、年度报告、中期报告、季度报告、社会责任报告等文件形式，向所有外部投资者真实、准确、完整、及时地依法公开披露本公司有关信息。这些信息通常包括上市公司基本情况、财务会计数据、经营成果以及重大风险因素等。有效及时的信息披露是对投资者的有效保护。更重要的是，它是资本市场价值评估的核心因素。管理层和投资者之间的信息是不对称的，管理层对公司内部的经营活动、财务状况、盈利能力、风险信息有准确的了解，因而具有信息优势；而投资者不能直接参与公司的日常经营管理，也不能观察公司的所有行为，他们只能通过现有的信息了解不完整的信息，这使他们处于劣势。在这种情况下，信息传递是改善交易状况、降低信息不对称程度的必要手段。

现代公司中所有权与经营权的分离，使得所有者与经理人形成委托－代理关系，利益目标异化则会进一步加深双方的信息不对称程度，信息披露需求由此而生。同时，经理人基于机会主义和效用最大化倾向于向所有者（外部投资者）进行策略性信息披露。本小节将以此为脉络，分别阐述委托－代理理论、信息不对称理论以及公司印象管理理论。

2.2.1　委托－代理理论

委托－代理理论（Principal－Agent Theory）是 20 世纪 70 年代经济学与制度理论相结合的产物，是信息经济学范畴内最为核心的理论基础。美国经济学家 Jensen 和 Meckling（1976）将委托－代理关系定义为委托人（The Principal）委托代理人（The Agent）代表其管理部分事务、行使部分权力，并将上述关系以契约形式进行描述。委托－代理关系的常见例子包括当选官员（代理人）和公民（委托人），以及经纪人（代理人）和市场参与者（委托人）等。然而，如果委托－代理关系的双方都是效用最大化者且双方目标函数存在差异，那么通常不能确保代理人总是按照委托人利益最大化行事，此时，就有可能因双方利益冲突和信息不对称（代理人往往比委托人拥有更多的信息）而出现代理问题（Principal－Agent Problem）。因为代理人可以以牺牲委托人的利益为代价为自己谋求利益，所以委托代理问题就是道德风险的一个特例。委托人与代理人之间的关系如图2－1所示。

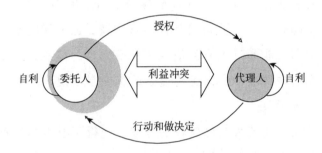

图2－1　委托－代理关系

代理冲突主要有三类：第一类代理冲突是公司所有者与管理者之间的冲突，主要发生在股权高度分散的公司、欧美等资本主义制度发达的国家；第二类代理冲突是公司大股东与中小股东之间的冲突，主要发生在股权相对集中的公司、东南亚国家等新兴市场国家；第三类代理冲突是公司股东、管理者与外部债权人之间的冲突（Jensen and Meckling，1976；Shleifer and Vishny，1994）。

现代公司中所有权与经营权的分离，使得公司股东和经理人之间的关系可以被定义为一种纯粹的代理关系，即公司股东为委托人，经理人为代理人。一般来说，股东是公司财富的所有者，其效用函数是公司股权价值最大化，而经理人仅为公司财富的管理者，其效用函数则是自身效用（包括薪酬、休闲以及晋升等）最大化，由此可见，双方激励机制并不完全一致。在对公司进行运营的过程中，经理人获得的仅是薪酬，所以追求公司财富价值最快增长并不是其主要目标，代理问题由此产生。当经理人不是公司完全所有者时，其追求公司价值最大化的动力往往不足，公司价值小于经理人为完全所有者时的价值，二者之间的价值差值即为代理成本（Agency Costs），而代理成本通常由股东承担。

为解决代理问题，股东可提供有效激励或设定合理的约束机制，以缓解与经理人的利益冲突并降低双方目标函数的差异程度。其中，信息披露作为连接外部股东和内部经理人的信息沟通桥梁，可以在一定程度上破解代理关系衍生难题。公司股东在对经理人管理能力、公司绩效表现和运营风险等进行考核评估时，会要求经理人披露相关信息，这无疑削弱了其信息优势，对经理人行为起到了外部监督作用，进一步降低了"道德风险"对股东利益可能产生的不利影响。同时，代理成本构成企业利润的削减项，当经理人薪酬与公司实际利润相联系时，这一成本同时影响经理人的收入水平，因此，经理人也会主动向外部股东披露公司信息以使其效用最大化。Bushman 和 Smith（2001）研究发现，财务会计信息可以在公司治理过程中发挥补充作用，进而直接降低委托 - 代理关系产生的成本。杨玉凤等（2010）以 2007 年 A 股上市公司为研究样本，发现内部控制信息披露可以显著降低代理成本。雷振华（2014）也从实证角度验证了代理成本与信息披露质量存在显著负相关关系。综上，上市公司信息披露制度，可以在一定程度上减少委托 - 代理关系中可能产生的管理层自利问题，以外部监督者观察并约束管理层不合理的自利行为，倒逼管理层自觉调整其效用函数，进而提高企业经营效率。

2.2.2　信息不对称理论

信息不对称（Asymmetric Information）是指，存在关联关系的双方所拥有的信息在数量或质量上并不完全相等，这一现象广泛存在于各类交易市场当中。信息不对称理论自 Akerlof 开创性提出之后，从 20 世纪 70 年代开始被学者们逐渐发展，现已成为新古典经济学中最为广泛的基础假设（Keser and Willinger，2007）。

信息经济学认为，若以交易时间为界限，可以按照双方发生信息不对称的时间，将信息不对称粗线条划分为事前（Ex Ante）信息不对称和事后（Ex Post）信息不对称两种类型。事前信息不对称，也被称为隐匿信息（Hidden Information）的信息不对称，是指在发生交易之前，交易对手之间信息不均等分布的情形。此时，与信息劣势方相比，信息优势方会凭借已占有的私有信息，做出利己但不利他的行为选择，有损市场资源配置效率，造成了逆向选择，即占据市场的通常都是劣等品。Akerlof（1970）最早注意到二手市场中的物品平均价值下降的现象，并用数理方式讨论了信息不对称可能产生的逆向选择问题。事后信息不对称也被称为隐匿行为（Hidden Action）的信息不对称，是指在交易发生之后，交易双方无法占有等量等质信息而造成的信息失衡。此时，信息劣势方无法及时通过观测或监督等方式有效获取信息，使得信息优势方会凭借其优势地位而采取一些增进自身效用却有损于信息劣势方利益的行为，这一情形被称为道德风险。

一般来说，无论是上述哪种情形中的信息不对称程度降低，都会使得市场运行效率得以提高。解决信息不对称所带来的负面经济后果，可采取信息优势方向信息劣势方发送信号或信息劣势方对信息优势方进行筛选等措施。Spence（1973）首次提出信息不对称中的信号（Signaling）传递理论。他认为，市场中具有信息优势的个体为了避免一些与信息不对称相关的问题发生，会将其信息以"信号"的形式可信地传递给在信息上处于劣势的个体。例如，在劳动力市场，求职者对自身素质和工作能力都有着最为全面的了解和掌握，但是招聘者却对自己不熟悉的求职者一无所知，那么，拥有信息优势的求职者就需要用一些优质"信号"来向招聘者传递信息，例如较高的学历等。随即，Stiglitz（1975）提出筛选（Screening）理论，认为信息劣势方为信息优势方提供选择菜单以获取更多有价值的信息，筛选出质量较差的交易对手以规避信息不对称对其的不利影响。除此之外，价格歧视、拍卖、信誉、外部监督等机制设计也能在一定程度上缓解由信息不对称带来的市场效率下降或市场失灵问题。

在资本市场中，根据不对称双方的主体差异性，可将信息不对称分为以下两类。一类是上市公司与投资者之间的信息不对称。通常来说，上市公司是信息披露的主体，管理层作为内部人掌握了有关公司经营、行业前景、潜在风险因素等的各类信息，与外部投资者相比，作为信息优势方势必拥有数量更多且质量更高的真实信息。另一类是投资者与投资者之间的信息不对称。较为常见的例子是，机构投资者与个人投资者之间的信息不对称。机构投资者掌握的专业知识较为扎实，拥有的投资经验更加丰富，若与个人投资者面对相同的财务信息或文本信息，其专业化背景会使其捕捉到个人投资者无法识别的信息，进而造成机构投资者与个人投资者之间的信息不对称。此外，不同投资者所获取信息的时效性以及真实性也会有差异。不断完善信息披露制度，是解决由信息不对称导致的资本市场运行效率下降问题的有效手段。不难理解，上市公司对外公开披露的内部信息越充分、越完备、越及时，与外部投资者之间的信息不对称越可以得到有效缓解（Leuz and Verrecchia，2000）。

2.2.3 公司印象管理理论

信息披露作为外部投资者了解上市公司内部信息的重要渠道，可以在一定程度上解决委托－代理关系所带来的信息不对称问题。信息披露，尤其是文本信息披露，通常被上市公司管理层视为一种提供增量有用信息以改善决策的手段。但在此过程中，管理层很可能为了实现利益最大化，而向投资者提供含有偏见的信息进而实现策略性信息披露（Merkldavies and Brennan，2011）。

公司印象管理理论（Impression Management Theory）是将社会心理学引入公司财务领域，核心观点是，管理层试图构建积极正面的公司形象以期策略性地操纵利益相关者的决策，从而避免负面信息对公司价值及自身利益的损害（Melloni et al.，2016）。管理者是理性的、自利的决策者，通过年报等信息披露形式与外部利益相关主体进行信息交换时，凭借信息优势地位，很可能通过操纵信息来"美化"公司业绩、未来前景、战略规划等（Godfrey et al.，2003）。上市公司叙述性文本信息公开性强，受众范围较广，与定量的会计数据信息相比，进行策略性信息调整的成本较低，为管理层提供了更大的自由裁量空间，被认为是管理者自利的潜在印象管理工具（Beattie and Jones，2000）。

基于公司印象管理理论，当公司业绩比较好时，管理层可能在强制性或非强制性披露文件中，使用可读性较强的语言对公司状况予以描述，同时将上述成绩归功于自己内在的主观努力、领导才能等，以引导投资者对其构建较为积极、正面的形象；当公司业绩比较差时，管理层可能"含糊不清""模棱两可"，在公司报告中使用晦涩难懂的词语和语言来粉饰真实情况，同时将其较差的盈利表现归责于外部严峻的经济形势等客观条件。同时，在信息披露的完整过程中，管理层还会对所披露的信息进行刻意筛选，在尽可能避免诉讼发生和符合相关监管要求的前提下，对利益相关者"报喜不报忧"（田利辉、王可第，2017），进而弱化外部信息使用者的负面评价对其自身利益（薪资、职位升迁等）的损害。中小投资者，作为上市公司信息披露的重要受众之一，往往对管理层所传达信息的真实性和可靠性缺乏识别能力，加之较强的信息壁垒使得其他渠道的信息获取成本巨大，因此，中小投资者对信息内容的解读能力和解读方式很可能受到上市公司印象管理策略的影响。

2.3 投资者有限理性

传统金融学中的基本假设是，人是完全理性的投资者，以期望效用最大化作为行为决策的目标函数。然而在现实中，受外部环境、大脑结构以及心理情绪的影响和制约，绝对理性的理想状态难以实现，投资者普遍在认知与决策两个环节存在有限理性（Bounded Rationality）。有限理性修正了完美理性的概念，是介于完全理性和完全非理性之间的一种受意识控制的理性状态（Simon，1991）。行为决策者虽然在理性上追求期望效用最大化的"最优解"，但受其认知偏差和决策偏差约束，只能在有限理性的基础上实现"满意解"（何大安、康军巍，2016）。从一定意义上讲，有限理性理论更贴近问题本质和现实情况，是经济学理性主义发展历程的必经之路（王国成，2012）。接下来，本小节分别介绍投资者认知有限理性和投资者决策有限理性，并用一个属性框架效应的例子来说明投资者有限理性如何影响其决策行为。

2.3.1 投资者认知有限理性

根据认知心理学理论，投资者在信息收集、信息加工、信息输出以及信息反馈顺次进行的信息处理阶段中，不断地完成对某一对象的认知。信息收集是投资者认知过程的起点，指在被动的信息环境中，投资者主动筛选、获取与投资目标相关的信息，例如收集财务报表、媒体新闻、分析师研究报告等。信息加工是指，投资者在完成外部信息收集的基础上，解构、识别、消化异码信息，并将其内化为己码信息，如阅读年报、盈余公告等，前一小节中所论述的公司印象管理策略就是在这一过程中实现的。信息输出是指，在信息加工的基础上，投资者进行主观价值判断和价值评价。例如，投资者会对某一只股票或某一家公司进行价值判断。信息反馈是认识过程的最后一个阶段，即将上述信息结果重新作为信息进行信息处理，以不断优化认知的过程。当以降低思维成本作为约束条件时，投资者采取较为局限的有限理性认知方式来完成所需进行的信息处理工作，在上述四个阶段中，通常会出现认知偏差。常见的认知偏差有 26 种，包括新近性和生动性导致的易记性偏误、过分强调某一特征并习惯应用小数定律所导致的代表性偏差、对自我的主观能力认知超过真实能力所导致的过度自信、有意识地寻找和选择信息以支撑自我选择和先验信念所导致的确认性偏差、规避事后结果与事前预期不一致而选择性接收信息所导致的认知失调等（茅宁、王宁，2008）。

2.3.2　投资者决策有限理性

投资者决策有限理性理论分析了投资者在现实投资环境中如何进行投资，而非投资者在理论上应该做出什么投资决策行为，以及在什么情况下投资者决策行为是有限理性的（Tseng，2006）。投资者所面对的决策环境和风险信息十分复杂，前期认知偏差和有限注意能力，必然导致投资者决策行为的不完全理性，表现为投资者行为决策偏差。20 世纪 40 年代，Von Neumann 和 Morgenstern 开创性地提出了博弈论，理性经济人的期望效用理论（Expected Utility Theory）由此正式诞生。然而，行为主体在决策过程中表现出的多处偏离理性假设的行为引起了学者们的注意和讨论，阿莱悖论（Allais

Paradox）是典型的挑战期望效用理论逻辑的悖论之一。此后，在大约 25 年的时间里，虽然学者们注意到了这一现象，但是所做的讨论仍是在理性期望效用的框架下做修正和改进，几乎没有正式的替代此框架的理论。20 世纪 80 年代，以行为金融学家 Kahneman 和 Tver-sky（1979）提出的前景理论（Prospect Theory）为代表的有限理性决策理论，对以期望效用函数为分析前提的传统经济学研究进行了颠覆式革命。前景理论作为行为金融学和非理性决策论的基础理论，打破了理性人假设，认为行为主体的决策判断主要依据相对于参考点（Reference Point）的收益和损失的价值函数（Value Function）。其中，价值函数的收益函数为凹函数，收益的凹性有助于收益的风险规避；价值函数的损失函数为凸函数，损失的凸性体现风险寻求（见图 2 - 2）。因此，同等损失（相对于某一参考点）带给决策主体的痛苦大于同等收益带给决策主体的幸福，这种对收益的风险厌恶（Risk Aversion）和对损失的风险偏好（Risk Seeking）的不对称风险决策倾向可能会导致处置效应，即投资者更倾向于出售其投资组合中自购买以来上涨而不是下跌的股票（Odean，1998）。同时，行为

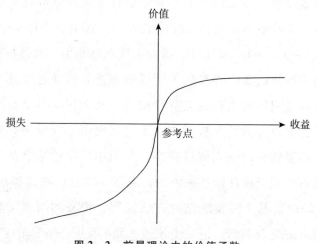

图 2 - 2 前景理论中的价值函数

主体的参考点设定会受到历史水平、期望水平、周围他人决策的影响，参考点的不同会影响行为主体的相对收益（损失），而改变参考点也会影响行为主体的决策行为。

在前景理论的研究中，另一个重要发现是同一信息的不同表达方式会导致不同的决策偏好，Tversky 和 Kahneman（1981）将该种现象称为框架效应（Framing Effect）。下面以属性框架效应为例，来阐述投资者有限理性下的认知偏差如何影响投资者的投资决策过程。Dunegan（2010）研究发现，相比于用正面框架描述公司广告违规行为，采用负面框架描述将使阅读者在主观上判断该公司因违规行为将会面临更高水平的罚款。Peng 等（2013）以对同一医生的诊疗评价作为判断对象，发现相对于"100 名患者中 30 名患者病情没有得到好转"的负面描述，"100 名患者中 70 名患者病痛得到显著改善"的正面描述，使得该医生获得后续患者更为积极的评价，更受患者的欢迎。以上研究表明，决策者对于事物的判断及感知确实会受到信息表述方式的影响，进一步来说，相比于负面表述方式，正面表述方式更容易使决策者做出更高评价并产生积极情绪。近年来，学者将框架效应引入经济学研究，并根据框架主体差异将其分为风险框架效应、属性框架效应和目标框架效应，其中属性框架效应（Attribute Framing Effect）与经济学研究主题息息相关。属性框架效应认为，对同一事物的属性特点从正面或负面进行同质性描述，会使信息接收者产生积极或消极的差异性情绪，从而影响其信息理解与决策判断。当上市公司信息披露文本采用正面语调向外部投资者传递信息时，在投资者记忆提取过程中，人脑中联结性信息加工模式的存在会使得以积极属性标签编码的信息激发其正面感知和积极情绪。Tan 等（2014）基于实验研究的方法证明，积极的语调会导致投资者做出更高的盈余判断。进一步来说，Tan 等从心理学角度出发，用属性框架效应来解释上述发现，即属性框架效应出现的原因在于，积极属性的标签会让人们在脑海中联想起与积极的有利信息相关的编码，而消极属性的标签则会引发人们脑海中与消极的不利信息相关的编码。缺乏经验的投资者主要采取启发式信息加工方式，其信息处理过程更容易受到属性框架效应的影响，因此，当上市公司信息披露文本以积极方式进行信息描述时，会导致投资者做出更高的盈余判断。

第3章 上市公司信息披露文本分析文献综述

近十年来，得益于计算机文本处理技术的发展，基于金融文本分析的信息披露、公司金融等主题的研究日益深入。文本挖掘与大数据分析已成为学术界的热点话题，现有文献对金融会计文本展开了较为丰富的理论探讨和实证分析。既有学者利用文本这一独特"数据"重新考察公司金融领域的经典问题并有了新的研究发现，例如，运用财经论坛、微博自媒体等文本数据量化投资者情绪，并考察其对资产价格的影响（Tetlock，2007）；又有学者从"数据驱动"角度讨论金融领域的新颖话题，例如，李晓溪等（2019）借用文本分析方法，比较并购重组报告书的差异性，考察中国交易所正在积极实施的问询函制度的公司反应和监管效果。学者们从多个角度提取金融文本的定量指标，其中，最为广泛的文本特征指标包括文本相似度（文本信息有多相似）、文本可读性（理解文本有多难）和文本情感（文本语调是积极的还是消极的）。本章仅聚焦与本书高度相关的上市公司信息披露文本的主题文献，按照本书逻辑结构，第一节至第三节分别对上市公司信息披露文本相似度、文本可读性及文本情感这三个方面的相关文献进行总结和梳理，第四节重点厘清以上市公司风险信息披露为文本分析对象的文献脉络，力图为后文研究搭建较为清晰扎实的文献基础与理论框架。

3.1　上市公司信息披露文本相似度研究

文本相似度，即利用自然语言处理技术将文本（高维语义空间）抽象分解，以此比较并度量不同文本之间的相似程度。通常，文本相似度度量是基于语义（语言所指代的内在含义）相似分析而完成，虽然语义识别对人脑来说并不复杂，举个例子，理解锤子和钉子、狗和骨头之间的关系对于人来说十分容易，但是对计算机来说却存在一定的困难和挑战。

已有部分学者测度上市公司信息披露文本相似度并展开相应研究，按照文档归属性质可以把这些研究分为两个方面。一方面，从纵向来看，上市公司信息披露文本的信息含量是否随时间变化或受制度冲击而发生变化，即基于文本惯性披露角度来纵向考察在不同时间内同一家公司信息披露文本的相似度。另一方面，从横向来看，上市公司信息披露文本是否和本行业、本年度的其他公司的信息披露文本有信息重叠。

从纵向来看，学者们围绕上市公司信息披露文本的信息是否随时间变化或受制度冲击而发生变化进行了一些有益探讨。Brown 和 Tucker（2011）最先关注了上市公司年报文本中管理层讨论与分析（MD&A）部分的叙述性信息披露是否根据外部经济形势和公司经营状况的改变而有所调整，以考察 MD&A 的信息含量与股价变化的关系。具体做法是，使用由 Salton 等（1975）提出的向量空间模型（VSM），并结合余弦相似度方法来对比一家上市公司当年的 MD&A 文本和前一年的 MD&A 文本，以检测公司信息披露逐年变化程度。研究发现，MD&A 文本变动相对较大的上市公司，往往其经营结果和财务状况相应发生了较为明显的变化，这表明美国上市公司确实在信息披露方面尽力满足了美国证券交易委员会（SEC）的最低披露要求。

与此思路较为类似的研究是，蒋艳辉等（2014）第一次从定量角度考察了中国上市公司信息披露文本惯性问题。研究发现，创业板上市公司的 MD&A 信息与上一期披露信息重复度越高（相似度越高），信息含量越低，在资本市场中的影响是进一步推高了上市公司的股权资本成本。王雄元等（2018）以 2007~2016 年中国 A 股管理层讨论与分析中的风险文本为研究对象，利用余弦相似度方法将上市公司当期年报风险信息与前后两年期的风险披露信息进行对比，研究结论为，年报风险披露文本相似度越高，所支付的审计费用越低。李莎等（2019）也测度了上市公司年报文本中管理层讨论与分析部分的文本相似度，用以代表公司战略变化程度，实证发现，上市公司战略变化越大，审计师事务所收取的费用越高，这种正向关系在知名审计所样本组内更为显著。

从横向来看，利用同行业、同年度上市公司信息披露文本相似度数据，学者们展开了较为丰富的公司金融领域的研究。基于美国证券交易委员会 Edgar 网站上获得的 49408 份年报的产品描述信息，Hoberg 和 Phillips（2010）利用文本分析中常用的余弦相似度方法测度了上市公司年报产品描述信息之间的相似性，以考察公司业务相似性与并购决策二者是否存在关联关系，用实证方法进一步验证了 Rhodes-Kropf 和 Robinson（2008）的研究结论，即上市公司年报产品描述信息之间的相似性越高，并购所能带来的协同效应越强。Hoberg 和 Phillips（2016）仍关注各家上市公司年报中有关产品描述信息的相似度，以创建基于文本的行业分类，研究公司与竞争对手之间的差异。他们指出，产品相似是竞争的基本内涵，产品越相似的公司面临的竞争越激烈。以产品信息相似度作为行业划分标准，能更好地解释公司盈利能力和销售增长等特征，且该种以产品信息相似度测度行业竞争程度的方法被学者们应用到许多研究场景中。

吴璇等（2019）定位上市公司财报附注中有关公司经营情况介绍的文本信息，采用上述方法测度上市公司之间经营业务的相似度，探究公司间的业务相似度是否与公司间的资本市场表现有所关联，实证结果表明，二者存在时间滞后的关联关系，但是即时效应并不成立。刘昌阳等（2020）除测度行业竞争激烈程度外，同时测度了分析师研究报告相似度作为其文本信息含量的代理变量，考察了行业竞争激烈程度与分析师研究报告相似度的关系。研究结果表明，公司所处行业饱和度与分析师研究报告相似度具有显著正相关关系。除此之外，Lang 和 Stice-Lawrence（2015）以来自 42 个国家和地区的上市公司的 15000 份年度报告为大样本，构建可比性（Comparability）指标以衡量美国和非美国上市公司年度报告的相似性。

同时，一些学者也从纵横交错的综合视角，全面考察上市公司信息相似度水平。赵子夜等（2019）横向比较了上市公司与同年度其他上市公司年报文本中管理层讨论与分析部分的相似度，发现相似度越高，负面的经济后果越严重。但与之相对的是，当纵向测度上市公司不同时期 MD&A 文本信息的相似程度时，发现其市场反应呈现明显的分化，即财务状况较好时，自我相似程度较高的信息披露并不会引发市场反感，而当财务状况较差时，样本式套用就会引致市场负面效应。

Hanley 和 Hoberg（2010）以文本向量化方法来研究上市公司招股说明书中的特质性信息含量，在金融文本分析领域中具有开创性的意义和作用。他们认为，有关上市公司的文本信息可被划分成公司特质性信息以及市场行业性共有信息，其中，市场行业性共有信息受所在行业、所处市场整体环境变化的影响，是信息含量较低、相似度较高的部分，而公司特质性信息具有该公司鲜明的"个人特色"，是信息含量较高、相似度较低的部分，这部分信息恰恰解决了市场中存在的信息不对称问题。研究发现，IPO 公司招股说明书中公司特质性信息含量越高，IPO抑价程度越低。这一研究方法和研究思路在过去十年的时间里迅速得到学者们的广泛应用。在中国，郝项超和苏之翔（2014）利用Hanley和Hoberg（2010）所提出的文本向量化方法，将IPO招股说明书的重大风险提示文本内容分为重复性风险提示和特有性风险提示两类，发现仅后者与IPO抑价具有显著负向关系；孟庆斌等（2017）以A股上市公司年报MD&A文本为研究对象，考察其所含特质性信息与股价崩盘风险之间的关系，实证结果表明，MD&A文本所含的特质性信息越多，公司未来股价崩盘的风险越低。

综上分析可知，以往对于上市公司信息披露文本相似度的研究多集中于上市公司年报文本，而对于招股说明书文本相似度的横向对比与纵向讨论实属不多，对招股说明书文本相似度是否影响IPO抑价的研究关注不足。本书比较了A股中文招股说明书之间的文本相似度，并以文本相似度作为中文招股说明书信息质量的代理变量，考察了招股说明书文本在IPO市场中所扮演的信息披露角色，可以较好地拓展现有研究。

3.2　上市公司信息披露文本可读性研究

文本可读性（Readability），是指文本能够被阅读者理解的容易程度（Dale and Chall，1949）。提高文本可读性，有利于阅读者对信息进行理解，提高其学习效率，因此，可读性一直以来都是阅读心理学家和教育心理学家研究的热点（Benjamin，2012；Sung et al.，2015）。

在上市公司信息披露文本可读性研究领域中，Li（2008）最先使用迷雾指数（Fog Index）作为上市公司年报可读性的代理变量，在金融文本分析领域做出了具有里程碑意义的贡献，此后学者进行英文金融文本信息研究时也普遍选择迷雾指数来刻画文本可读性。然而，Loughran 和 McDonald（2014）研究发现，由于迷雾指数的构成成分中平均句子长度难易、复杂词汇的定义并不符合金融文本特点，故迷雾指数并不能较好地完成金融文本可读性的测度任务，因此提出用年报文档大小作为可读性的代理变量。下面，本小节按照所用测度可读性的方法，将上市公司信息披露文本可读性研究分为"迷雾指数"研究和"非迷雾指数研究"。

　　学者们利用迷雾指数测度上市公司信息披露文本的可读性，进而开展的金融研究相对较为丰富，研究成果在以 *Journal of Accounting and Economics* 为代表的一些高质量经济期刊发表。Biddle 等（2009）将文本迷雾指数作为公司财务报告文本质量的代理变量，研究发现，财务报告文本质量与资本投资数量的关系依赖于公司现有投资水平，即较高的报告质量与过度投资公司的投资呈负相关关系，而与投资不足公司的投资呈正相关关系。Miller（2010）探讨了财务报告复杂性对投资者交易行为的影响，研究发现，迷雾指数较高的"晦涩"财务报告导致了较低的总体交易量，可能的解释是，财务报告可读性在较大程度上影响了不成熟投资者的信息获取，进而导致小投资者交易活动减少。Lehavy 等（2011）发现，上市公司年报可读性越差，分析师报告的信息含量越高，分析师盈利预测的准确性越低，不确定性越高。Lawrence（2013）研究发现，散户投资者会倾向于投资财务信息披露清楚、简明的公司，其投资收益与信息披露文本的可读性呈正相关关系，因此，提高公司信息披露的简明性有利于减小个人投资者的信息劣势。Lundholm 等（2014）研究了在美国证券交易所上市的外国公司年报和盈利新闻稿的文本可读性，结果发现，与美国同行业公司相比，外国公司的信息披露文本通常更加清晰明了，试图通过提供更清晰、更具体的披露文本来减小投资者的信息劣势，拉近与投资者的心理距离。Chakrabarty 等（2014）讨论了管理层冒险行为与年报可读性之间的联系，研究发现，当管理层获得较高的薪酬补偿时，后续上市公司就会发布可读性较差的年度报告。Guay等（2016）发现，可读性较差的公司年度报告（基于六种不同的可读性指标，包括迷雾指数）倾向于提供更多盈余预测信息，例如每股收益、销售额和现金流等，以减轻年报可读性所造成的负面影响。Lo等（2017）探讨年度报告的可读性如何随盈余管理而变化，他们发现，那些以高于前一年基准价值为目标来管理收益的公司，其MD&A部分的迷雾指数得分相对较高。Baxamusa等（2018）以1995～2012年的1581个双边战略联盟为样本，考察了公司合作者年报可读性所发挥的作用。研究发现，当战略联盟合伙人的年报可读性较差时，市场认为该公司的可信度较低，预计双方合作成功的可能性较低，因此联盟宣布前后的累计超额收益（CAR）增幅相对较低。R. Hoitash和U. Hoitash（2018）基于年报披露文件中会计项目计数（XBRL标签数）度量会计复杂性，使用迷雾指数作为年度报告语言复杂性的度量指标，发现与普遍认知恰恰相反，年报会计复杂性（XBRL标签数）与语言复杂性（迷雾指数）呈负相关。Chychyla等（2019）认为，迷雾指数是反映财务报告复杂性的核心指标，财务复杂的公司应该有更多的董事会成员，同时拥有会计专业知识的董事比例也应该更高，实证研究也证实了年度报告的迷雾指数与董事会规模、具有会计专业知识的董事会比例呈正相关关系。总体来看，虽然Loughran和McDonald在2014年对迷雾指数应用于金融文本可读性分析提出较为尖锐的批评，但会计金融领域中的研究大多仍继续使用迷雾指数作为衡量财务披露文本可读性的指标（Loughran and McDonald，2020）。

然而，非迷雾指数的可读性研究却较为有限。Loughran和McDonald（2014）认为，迷雾指数中的一些设定对于金融文本来说并不适用①，使用年报文件大小作为可读性的代理变量，测量方法简单易懂，不易出现测量误差，易于复制，且与其他可读性测量方法密切相关。他们发现，年报文件大小能够作为可读性的代理变量，在非预期收益和分析师离散度上具有显著预测能力。同时，Kim 等（2019）也提出了一个改进迷雾指数，即关注投资者容易理解的多音节词。他们从 Compustat 变量列表与 Fama 和 French（1997）的 49 种行业描述文件中手工收集了 2028 个长度超过两个音节的单词，这些单词都是投资者容易理解的常见商业术语但却被传统迷雾指数认为是复杂的词语。

与国外学者相比，国内学者对于中文金融文本可读性的研究起步较晚且尚未得到充分开展。孙蔓莉（2004）最早用学生实验法对中国上市公司中文年报的可理解性进行测度。随后，学者们一般计算文本中所含词语数、整句数、平均每句词语数等指标以测度上市公司年报可读性。丘心颖等（2016）采用 Yang 提出的完整句占比、基础词语占比以及汉字平均笔画数三因素度量年报复杂性，研究发现，分析师信息解读的能力十分有限。但 Yang 基于中文繁体字语料所提出的可读性测度方法，对于简体中文的适用性需要进一步商榷、考察。孟庆斌等（2017）在分析上市公司年报 MD&A 部分的信息含量与股价崩盘风险的关系时，将 MD&A 文本可读性定义为常见汉字词语占 MD&A 总字数的比重。罗勇根等（2018）认为，通货膨胀显著降低了公司的盈余质量，主要机制在于，通胀较高时企业财务报告会进行诸多说明，在增加年报文本长度的同时，使该文本可读性变差，进而降低了盈余质量。王克敏等（2018）利用转折词语、会计术语、生僻字占比测度年报文本复杂度，并从管理者自利角度检验了公司业绩与年报文本复杂度之间的负向关系。逯东等（2019）

---

① 具体说明详见本书 5.2 节，这里不再赘述。

重点考察了投资者实地调研是否可以改善年报文本可读性的信息披露效率，结果发现，年报文本可读性是投资者实地调研的主要驱动因素，但实地调研却让不同文本可读性的信息披露效率再度两极分化，即"好的更好，差的更差"。孙文章（2019）以文本长度、字符、句子长度、复杂长句、被动句、专业词和复杂词作为年报可读性评价指标，采用主观赋权法建立 Monte Carlo-AHP 模型，得到年报可读性综合指数，得出董秘声誉与年报可读性存在正相关关系的研究结论。翟淑萍等（2020）从年报可读性视角，研究交易所问询函监管在董事联结公司中的治理作用。从文本分析对象上来看，鲜有文献对中文招股说明书文本信息可读性展开深入研究。

3.3 上市公司信息披露文本情感研究

文本情感分析，是指以自然语言处理为基础方法，对非结构化文本进行情感提取的过程。上市公司信息披露是管理层将公司信息以正式文件的形式公开给所有投资者，其文本带有管理层的主观描述，因此，在此情境下的文本情感分析也被称为管理层语调分析。一般管理者比投资者拥有更多关于公司未来前景的信息（Healy and Palepu，2001）。过往金融文本研究普遍通过有效刻画文本语调来检验上市公司年报、报纸文章、媒体新闻、业绩说明会和股吧发帖的语调与股票收益的关系。已有研究结果表明，金融信息文档的语调，可以向投资者传递上市公司信息披露文本所包含的信息（Loughran and McDonald，2011）。受本书主题所限，本小节仅聚焦上市公司信息披露文本，不考虑财经论坛、微博 Twitter、媒体报道等的情感分析研究，按照文本分析对象的不同，对上市公司信息披露文本情感相关文献做归纳梳理。

将强制性信息披露的公司年报作为文本分析对象以挖掘管理层

语调的研究较为丰富。Feldman 等（2010）首次探讨了公司年报、季报文件中管理层讨论与分析部分非财务信息语调变化和短期窗口内市场反应之间的关系。他们使用哈佛通用情感词典（Harvard's General Inquirer）构建了正面语调、负面语调以及净正面语调词汇列表，研究发现，在控制了财务变量后，管理层讨论与分析部分的非财务信息正面（负面）语调与文件发布后两日内超额收益显著正（负）相关。Loughran 和 McDonald（2011）指出，由于哈佛通用情感词典归类为积极或者消极的部分词语在金融文本中并无此内涵，所以该词典并不完全适用于金融会计领域。基于此，他们针对金融文本特点，最早创建了更为准确的财务情感词汇列表，该财务情感词汇列表包含积极、消极、不确定、诉讼、强情态词和弱情态词六大类词语。[1] 将研究对象拓展至公司年报全文，发现其负面词汇列表与年报发布后三日内超额回报率显著负相关，使用 TF-IDF 方法对不同词汇进行差异化赋权比平均加权法更为有效。Jegadeesh 和 Wu（2013）为量化公司年报语调首次提出了依据市场反应确定对应词语权重的动态测度方法，实证结果显示，公司年报的正面语调、负面语调对发布期间股票超额收益率的回归系数均为正，这说明短窗口期内市场并不能对公开信息做出完全、充分、及时的反应。在强制性财务信息披露中，积极词语经常被用来减轻描述财务结果所必需的消极词语的影响，因此，它们的有效情绪可能是模糊不清的（Loughran and McDonald，2020）。

以中国上市公司年报语调为研究对象，学者们也进行了一些有益尝试。朱朝晖和许文瀚（2018）量化了 2010～2016 年 A 股非金融类上市公司的 10281 份年报文本的语调，发现管理层确实会通过操纵文本语调辅助其盈余管理，随后王华杰和王克敏（2018）也得到

---

[1]　该词汇列表见 Tim McDonald 主页：http://sraf.nd.edu/loughranmcdonald-master-dictionary/。

了与其一致的研究结果。曾庆生等（2018）将研究视角聚焦于管理层语调是否会由于管理层的利己主义而被调整。研究发现，年报净正面语调与管理层持股规模呈显著负向关系，即年报中积极正面的语调在鼓励资本市场外部投资者买入本公司股票时，内部管理层正在卖出本公司股票，作者用"口是心非"一词来描述上述资本市场异象。以年报管理层语调如何影响企业融资为情景，赵宇亮（2020）基于2007～2017年A股上市公司年报进行分析，得到的结论是管理层语调确实会影响融资的规模和成本，公司管理层净正面语调与债权融资规模正相关，与融资成本负相关。以关联公司语调为考察对象，底璐璐等（2020）讨论了客户在年报披露中的管理层语调如何影响供应商决策行为。实证结果表明，客户年报中的管理层语调越负面，供应商为应对应收账款难以收回等潜在风险的发生，选择持有的现金量越大，这一结论在不同产权性质、不同议价能力的公司中存在差异。

同时，已有文献对管理层盈余公告的语调也进行了大量研究。Huang等（2011）研究了上市公司是否对盈余公告中的文本语调进行操纵，以及投资者如何对管理层语调操纵做出反应。在美国，盈余电话会议正成为越来越普遍的公司信息披露渠道。Price等（2012）使用Henry（2008）的单词列表来分析季度盈余电话会议管理层语调如何影响公开交易的股票价格。具体来说，问答部分语调对于初始超额累计收益率具有显著的预测能力；公司层面和投资组合层面的实证结果均表明，对于不支付股息的公司，投资者更依赖通过电话会议语调传递的增量信息；电话会议中的答疑部分语调对会议后60个交易日内投资者现金流不确定性较大的异常收益和交易量具有更强的解释力。Mayew和Venkatachalam（2012）则考察了非言语交际在资本市场环境中如何发挥作用。他们使用声音情绪解析软件，分析了2007年美国盈余电话会议音频文件中的管理层情感状态，研究结果证实，在控制了定量信息和定性语言内容后，经理人的情绪状态与股票收益和公司未来业绩相关，因此，可以从资本市场环境中的声音线索中获取重要信息。Chen 等（2018）探讨了在盈余电话会议期间经理和分析师的信息交换如何驱动股票价格变动。通过对经理和分析师的语调进行分析，他们发现在整个讨论期间，日内股票价格对分析师语调有显著的反应，但对管理层语调没有反应，且当分析师语调相对消极时，这种影响会更加强烈。

中国业绩说明会与国外的盈余电话会议在信息披露的外在形式和内在信息上都较为相似。谢德仁和林乐最先填补了国内公司信息披露语调研究领域的空白，他们基于业绩说明会文本围绕管理层语调进行了三个方面的深入研究。第一，谢德仁和林乐（2015）首次以中国 2005～2012 年上市公司业绩说明会文本为分析对象，研究管理层语调与公司净资产收益率之间的关系，发现管理层净正面语调越强，公司下一年中资本净收益能力越强，在分别考察正面语调和负面语调时，语调与股东资金使用效率的相关关系仍然显著存在。第二，林乐和谢德仁（2016）仍以上述数据为分析对象，从公司业绩表现转向资本市场表现，考察业绩说明会中的管理层语调是否与超额累计收益率存在相关关系，研究结果为，业绩说明会向资本市场投资者传递了较为清晰的价值信息，管理层净正面语调显著提高了上市公司股票的超额累计收益率。第三，林乐和谢德仁（2017）将视角切换到业绩说明会文本信息是否对分析师判断产生影响，研究发现，业绩说明会净正面语调越积极，分析师荐股评级的横向水平越高，纵向变动水平越大，但是负面语调并不会带给分析师增量信息，这与分析师天生是"乐观派"有较大关系。

在这二位学者研究的基础上，甘丽凝等（2019）分析了创业板上市公司的业绩说明会管理层语调是否可以作为价值信息，起到提高资本市场资源配置效率的作用。研究结论是，管理层净正面语调和权益资本市场存在稳健负相关关系，且在会计信息质量较高、管理层操纵语调动机较弱的样本组内，上述关系更为显著。钟凯等（2020）同样以业绩说明会管理层语调为研究对象，考察其是否为分析师预测提供了较多的信息，实证研究表明，管理层净正面语调与分析师预测偏差存在显著负相关关系，即业绩说明会能够为信息使用者提供有价值的信息。

然而，从招股说明书中提取管理层语调的研究却寥寥无几。Ferris等（2013）将招股说明书中负面词语占比视为公司保守主义的代理变量，发现其作为IPO估值"软信息"，对于资产价格形成有一定贡献度。Loughran和McDonald（2013）发现，在招股说明书的六类语调中，负面语调、不确定语调以及弱情态语调越强，IPO抑价程度越高。

通过梳理既有文献发现，目前，国内学者对于公司信息披露语调的研究相比于国外起步较晚，尚处在初始阶段。公司信息披露挖掘对象主要集中在上市公司年报以及业绩说明会等上，而以中文招股说明书全文作为文本挖掘对象的研究尚未得到有效开展。现有研究主要关注管理层语调是否含有有价值的信息并影响股票回报，而对于管理层语调如何影响IPO新股市场表现却关注甚少。

3.4　上市公司风险信息披露文本研究

国内学者对于上市公司风险信息披露的定量研究还比较简单，通常使用是否披露相关信息、披露篇幅、披露条目数、少量关键词定位等来测度。黎文靖和杨丹（2013）利用上市公司年报中是否披露有关劳动力成本上涨风险这一虚拟变量进行研究，发现出于自利动机，经营业绩较差、薪酬较高的上市公司管理层倾向于主动披露劳动力成本上涨风险。姚颐和赵梅（2016）采用人工阅读方式，根据证监会公布的 78 条具体风险条目对招股说明书风险因素部分进行逐条打分，发现拟上市公司风险披露获得了市场坦诚奖励，降低了 IPO 抑价并提高了上市首日的流动性。王雄元等（2017）在度量年报风险信息披露程度时，采用查询"风险""不确定性"这两个词语在董事会报告文本中出现次数的方法，发现风险信息披露能够起到提高分析师预测准确度的作用。王雄元和曾敏（2019）计算了"风险""潜在""影响""不确定""波动"这 5 个词汇出现在年报中的次数，用以测度上市公司风险信息披露的多寡，并依据信息趋同观解释了其与贷款利率的负相关关系。在已知中文文献中，仅有郝项超和苏之翔（2014）采用 Hanley 和 Hoberg（2010）提出的文本分析法，从招股说明书中重大风险提示部分提取风险信息，发现仅有特质性风险信息能起到降低 IPO 抑价的作用。已有文献虽然对中国上市公司风险信息披露文本进行了较多分析，具有很强的启示作用，但度量方法较为单一粗糙，且主要研究对象局限在年报文本中，使用文本挖掘方法对 IPO 公司招股说明书风险信息进行研究的文献较少。

利用计算机手段分析上市公司英文风险信息披露文本的研究起步较早，自然语言处理方法较为成熟，研究对象和研究成果也相对丰富。Li（2006）最先使用文本分析方法，计算 34180 份上市公司年报文本中与风险情绪相关单词（风险和不确定性）的出现频率，以此衡量风险信息强度，研究发现，公司年报风险情感的增加与未来股票收益的下降有较强相关关系。为评估 IPO 招股说明书的信息含量，Hanley 和 Hoberg（2010）利用文本向量化方法从该文本中识别标准内容和信息内容，研究认为，发行人和承销商在新股上市前获取加工的信息越多，招股说明书风险因素部分特质性较强的信息量就越大，提供给投资者的有价值的信息就越多，预期发行价定价越准确，进而能够显著降低 IPO 抑价程度。Kravet 和 Muslu（2013）

通过人工阅读 100 份随机选择的年度报告识别了 20 个风险词语，进而对含有上述风险词语的句子进行计数，研究发现，虽然风险披露文本增加了投资者的风险认知，但是公司层面的风险披露和同一行业其他公司的风险披露相似度较高。与此结论相反，Campbell 等（2014）在已有风险词表的基础上（Nelson and Pritchard，2007），加入利用 LDA 主题模型识别出的年报风险披露部分中反复出现的风险词语，并将其分为包括财务、税务、法律、其他系统和其他特质在内的 5 个子类风险词语集合，结果发现，管理者所述的定性风险因素披露文本，并不是平均水平上的样板文件，而是有意义地反映了公司在广泛的风险类型中所面临的具体风险。同样利用 LDA 主题模型，Dyer 等（2017）研究了美国年报（10－K）披露属性和主题时间变化的趋势，发现在篇幅不断加长的年报中，风险因素披露、内部控制和公允价值占据了其绝大多数篇幅。Beatty 等（2019）以 2009～2014 年作为观察窗口，发现金融市场对有效风险因素明显反应不足。Wei 等（2019）基于 2010～2016 年 840 家美国能源企业的 3707 份年报，使用文本挖掘方法从 131755 个风险因素标题中，全面识别出 66 种可能影响能源企业的风险因素。学者们深入地研究了英文风险信息披露和资本市场定价效率之间的关系，然而，目前国内对此问题探讨甚少，利用文本分析方式进行深入挖掘的研究还有待进一步丰富。

第4章 招股说明书文本相似度对 IPO 抑价的影响

第 2 章和第 3 章对本书的理论基础和相关文献进行了阐述，并提出了本书拟解决的问题。从本章开始至第 6 章，将对招股说明书文本特征进行全面描述，包括文本相似度、文本可读性以及管理层语调，分析并实证考察其对投资者决策和 IPO 抑价可能产生的影响。本章首先对现有文本相似度测度方法进行简要的技术概述；其次分析招股说明书文本相似度对 IPO 抑价的影响机制，在此基础上，提出度量招股说明书文本相似度的新方法，实证检验招股说明书文本相似度对 IPO 抑价的影响，进行不同市场中二者关系的异质性讨论；最后对本章工作进行小结。

4.1 文本相似度测度方法简介

文本相似度分析是指，对两个或多个文本之间的语义相似度进行评估，目前最为常用和经典的文本相似度计算方法有两种：基于 WordNet 的相似度计算方法和基于 word2vector 的相似度计算方法。下面分别对这两种方法加以简介。

4.1.1 基于 WordNet 的文本相似度计算方法

WordNet 是一个覆盖范围比较广的词汇语义本体，它将各种词性的词语组织到一个网络中。网络中每一个节点都是一个由同义词组成的集合，通常来说，每一个集合都代表着一种语义概念。所有节点通过各种关系连接到一起，共同构成了一个网络，节点的距离越近，它们包含的词语之间的语义相似度也就越高。

基于 WordNet 本体的网络结构，词语之间的相似度可以被计算得到。计算词语之间的语义相似度的方法主要有三种，分别是：lch 相似度计算方法、wup 相似度计算方法以及 path 相似度计算方法。lch 相似度计算方法是先确定两个词语所在节点的最短路径，然后再在本体结构中找到最大的路径长度。wup 相似度计算方法通过计算两个词语所在的节点到最近的公共祖先节点的距离计算词语间的相似度。path 相似度计算方法首先计算词语所在节点的最短路径，然后用最短路径的倒数作为词语之间的相似度数值。

WordNet 最大的优点是它的计算精度比较高，且不需要对评估的词语进行词语还原等预处理，因为它的本体网络中已经存储着一个词语的各种表达形式了。但是，利用 WordNet 计算词语间的相似度也存在一个缺点，那就是它只能为存在于本体网络中的词语评估语义相似度，而本体中不存在的词语，无法进行相关分析。

利用 WordNet 可以完成评估词语之间相似度的工作，随后，依据设定的规则（计算公式），可以得到两个文本之间的语义相似度。很多研究都是利用这种方法实现文本相似度评估的目标。

4.1.2 基于 word2vector 的相似度计算方法

word2vector 是谷歌公司在 2013 年推出的一个自然语言处理（Natural Language Processing）工具，它的特点是可以将所有的词向量化，这样就可以定量地度量它们之间的关联程度。例如，可通过计算两个词的向量之间的余弦相似度来评估词之间的相似度。

word2vector 是基于具有相似含义的词语往往出现在类似的上下

文中这个假设而得到的。很多研究表明，word2vector 能够通过捕获词语丰富的语义含义和句式属性来完成评估词语相似度的工作（Chen et al.，2016）。word2vector 中主要包含两种训练模型，分别是连续 Skip-gram 模型（Continuous Skip-gram Model）和连续词袋模型（Continuous Bag-of-Words Model）模型。在训练时，连续 Skip-gram 模型输入的是特定词的词向量，而输出的是特定词对应的上下文的词向量。而连续词袋模型则相反，该模型的训练输入的是某一特征词的上下文相关的词对应的词向量，而输出的是这个特定词的词向量。换句话说，连续 Skip-gram 模型的目标是学习每个词语的词语表示，从而更好地预测同一句子中的共现词汇，而连续词袋模型则是通过分析上下文来预测中心词。

具体来说，假设给定一个有序的训练文本流（t_1，t_2，$\cdots$，t_k），连续 Skip-gram 模型的目标是使下面的平均对数概率最大化：

$$L = \frac{1}{K} \sum_{K=1}^{K} \sum_{-N \leqslant j \leqslant N, j \neq 0} \log[\, p(t_{k+j} \mid t_k)\,] \tag{4-1}$$

而连续词袋模型的目标函数则是：

$$L = \frac{1}{K} \sum_{k=1}^{K} \log\,[\, p(t_k \mid t_{k-N}, t_{k-N+1}, \cdots, t_{k+N})\,] \tag{4-2}$$

其中，t_k 是中心词，t_{k+j} 是距离该词为 j 的词汇，N 表示训练模型的窗口尺寸，k 为文本长度。

本书利用 word2vector 算法将词语转化为向量，然后计算向量之间的余弦相似度来衡量词语之间的语义相似度，进而完成招股说明书文本相似度评估的工作。相比 WordNet 方法，word2vector 最大的优点是它可以通过建立一个完善的训练集合，而具有对广泛的词语进行向量化处理的能力。因此，许多在 WordNet 本体中不存在从而无法计算相似度的词语，word2vector 都可以为它们建立相应的向量，从而评估它们与其他词语的相似度。

4.2 招股说明书文本相似度对 IPO 抑价的影响机制分析

4.2.1 问题的提出

IPO 抑价现象的普遍存在已经引起学者们的广泛关注。有关 IPO 抑价的学术研究可以追溯到 Stoll 和 Curley（1970）发表的论文。Loughran 等（1994）研究发现，25 个国家和地区存在不同程度的 IPO 抑价。在以往解释 IPO 抑价成因的研究中，比较经典的包括投资银行模型（Baron，1982）、赢者诅咒模型（Rock，1986；Koh and Walter，1989）、事前价值不确定模型（Beatty and Ritter，1986）、信号显示理论（Allen and Faulhaber，1989；Welch，1989）等，归纳起来多是基于信息不对称视角来展开分析。因此，在 IPO 过程中提高信息披露质量有利于降低信息不对称和 IPO 抑价程度。近年来，一些研究发现了定性信息披露对 IPO 抑价可能产生的影响。例如，Leone 等（2007）研究发现，发行人在招股说明书中提供的预期收益用途越详细，IPO 抑价率越高；Hanley 和 Hoberg（2010）发现，招股说明书所提供的特质性信息可以降低 IPO 抑价程度；Bottazzi 和 Rin（2016）发现，IPO 招股说明书中自愿披露信息数量与 IPO 抑价之间存在不对称关系。

然而，从信息质量的角度研究招股说明书对 IPO 抑价可能产生的影响的文献极为有限，这为本书提供了研究空间。信息披露对投资者具有重要的参考价值，投资者如果能从 IPO 招股说明书中获得有价值的信息，就能把握公司的整体状况，做出合理的投资决策。因此，招股说明书所披露信息的质量影响着读者获取信息的效率。如何衡量招股说明书所披露信息的质量，招股说明书中增加的信息能否被投资者及时准确地理解进而影响 IPO 市场的表现，目前还缺乏足够的研究。

更重要的是，在全球主要资本市场中，中国公司 IPO 抑价程度较高。在中国证券市场上，交易的主体是中小投资者，在以散户投资者为主要交易主体的证券市场中，信息的质量变得尤为重要。由于中国证券市场发展历史较短，大多数中小投资者还不成熟，表现在投资者的风险感知水平和决策的合理性上。此外，由于监管体制不是十分完善，中国证券市场投机氛围浓厚。因此，有必要研究招股说明书的文本信息质量是否以及如何影响这个新兴资本市场的 IPO 抑价。

本书应用文本分析方法度量文本信息的相似性水平，作为信息披露质量的衡量标准。相似度越低，说明招股说明书披露的有价值的信息越多，必然会提高信息质量。在理论上，利用信息不对称理论和香农信息传递理论对招股说明书信息质量与 IPO 抑价之间的负相关关系进行探讨。在实证上，以 2014～2017 年的 A 股招股说明书为文本分析对象，考察招股说明书文本相似度与 IPO 抑价之间的关系。

4.2.2　招股说明书文本相似度对 IPO 抑价的影响机制

现有文献表明，IPO 公司可以提高信息披露的质量，从而降低 IPO 抑价的程度（Boulton et al.，2011；Park and Patel，2015）。招股说明书是投资者直接获取的第一手资料，它包含有关拟上市公司当前以及未来的业务运营情况、财务状况、发行概况以及潜在发展前景等关键信息。除了会计收入和财务报表之类的"硬信息"之外，招股说明书中包含的非数据文本信息即"软信息"也至关重要，这些信息直接影响 IPO 定价效率。过去，由于分析技术的限制，对于非财务数据的文本信息披露研究相对较少。随着文本分析和数据处理技术的快速发展，对非财务数据信息披露的研究也逐渐展开。其中，文本相似度是衡量文本信息披露质量最为重要的指标之一，在信息披露质量相关研究中发挥着越来越重要的作用（Zhou et al.，2020）。

根据香农信息传递理论，任何信息都会先从信息源输出，然后通过编码器转换为信号，最后信号会通过信道传输到接收器。招股说明书的信息传递也遵循这一基本原则。管理层根据公司过去的经营状况和对未来市场的判断披露信息，信息以招股说明书的形式编码并传输给投资者，然后由投资者解码以实现信息处理和认知。招股说明书中的文字信息具有文字灵活、语义丰富以及可操作的特点，因此，管理层倾向于通过文本信息将公司价值信号传达给投资者。上述过程的信息传递效果会受到很多因素的影响，其中，管理层提供的信息质量对信息内容的编码和解码有着最直接的影响。当管理层对公司的经营状况和发展前景有很强的信心时，他们希望通过高质量的信息披露向投资者传达清楚的信息。相反，当管理层预期未来业绩不佳时，他们倾向于降低信息质量，掩盖投资者可以获得的有用信息（Li，2008）。

信息披露的相似性与信息内容呈负相关关系，即信息披露的相似性越高，信息内容越少（Hanley and Hoberg，2010）。在招股说明书中，承销商和管理层一般有两种信息披露方式可以进行选择。一种方式是，承销商进行充分的尽职调查，从各方收集信息，并在上市前确定初始发行价格。承销商所掌握的拟上市公司的信息内容越多，并将其在招股说明书上披露，招股说明书的文本相似度就会越低。然而，这种方式需要保险人投入较多的调查精力和信息成本，并可能为同业竞争者提供一些有价值的战略信息（Bhattacharya and Chiesa，1995；Stoughton et al.，2001）。同时，中国自清代以来，国家治理体系中就素有官员文本样本化的历史特征，样板化报告成为中国各行政机关、各企业事业单位中较为常见的报告方式（赵子夜等，2019）。结合上述中国文本样本化的特点，承销商很可能会选择第二种信息不完备的披露方式，即仅按照监管部门的最低要求披露信息，这使得招股说明书文本相似度与同质性较高，文本模板化与内容套用化并存，进而导致其文本信息含量下降。

　　在中国特殊的新股发行背景下，需要考虑两个方面的问题。一方面，供不应求的新股交易市场失衡将使得 IPO 公司股价在上市初期连续飙升，进而造成新股抑价现象。另一方面，羊群效应在中国资本市场中随处可见，即使是在 2014 年实施新股涨停制度之后，新股上市后也会连续多日出现涨停板，使得多数中小股民怀有"买到即赚到"的投机心理，打新热情只增不减。基于以上现实背景，发行人和承销商可能更倾向于选择第二类信息披露方式，认为"言多必失"。因此，中文招股说明书中所披露的信息更为"规范"。承销商一般参考已公开发行的拟上市公司招股说明书：或参考自己过去撰写过的招股说明书进行重复，或参考同行业的招股说明书"照葫芦画瓢"。上述现象导致招股说明书中的公开内容具有高度的相似性，因此管理层并未通过文字信息向投资者传达公司价值信号，从而进一步提高了发行人与投资者之间信息不对称的程度，导致更高程度的 IPO 抑价。基于以上分析，本书提出如下假设 1。

　　假设 1：招股说明书文本相似度与 IPO 抑价存在正相关关系。

4.3　招股说明书文本相似度对 IPO 抑价影响的实证检验

4.3.1　研究设计

1. 样本选择和文本预处理

（1）样本选择

本书选取 2014 年 7 月到 2017 年 12 月全部 A 股 IPO 公司的相关数据以及招股说明书作为初始研究样本。2013 年 11 月 30 日，中国证监会发布了第 42 号公告《关于进一步推进新股发行体制改革的意见》（简称《改革意见》），提出要淡化行政干预，加强自主定价、协商定价、信息披露等一系列创新意见。同时强调，证券交易所应进一步完善新股上市首日开盘价格形成机制及新股上市初期交易机制，建立以新股发行价为比较基准的上市首日停牌机制，加强对"炒新"行为的约束。2014年6月13日，沪深交易所分别发布了《关于新股上市初期交易监管有关事项的通知》和《关于完善首次公开发行股票上市首日交易机制有关事项的通知》，进一步落实了中国证监会的《改革意见》精神，完善了股票上市首日交易机制。因此，为控制制度因素影响，本书选取2014年7月作为研究样本的初始点。本书所用IPO公司上市之前的财务数据和新股发行市场数据来自Wind数据库、CSMAR数据库，部分缺失数据通过东方财富网以及和讯网手工查询补充，本书所用招股说明书PDF文档来自巨潮资讯网，证券主承销商的排名情况来自中国证券业协会网站。

初始样本仍需经过如下处理过程：考虑到金融行业的特殊性，剔除金融行业上市公司样本；考虑到招股说明书PDF文档的可得性和可转性，剔除无法下载、无法复制、无法自动进行PDF文档转换TXT加密文本样本；剔除有变量缺失值的样本。经过上述筛选，本书最终获取的样本数量共计822个。

（2）文本预处理

接下来，对822份上市公司招股说明书进行文本预处理，具体过程如下。

第一，文本格式转化。在信息披露监管制度下，中国上市公司通常以便携式文档格式（Portable Document Format，PDF）对相关利益主体进行公开信息披露。然而，PDF文档仅仅实现了电子化存储，可以让读者在多种设备上轻松阅读，文本处理软件无法直接对PDF中的内容进行处理和提取。因此，解析PDF文档经常是进行文本预处理的第一步，即获取文档信息内容。本书首先通过 OCR（光学字符识别）技术将 PDF 文本转为 TXT 格式，以便利用 Python 软件进行后续处理。在获取的信息中，包含大量的文本段落、图片以及表格等，根据本书研究内容的需要，删掉字数少于 10 个的行数以去除文本中的表格、标题，同时对文字中尚存的少量错误（如错误字符和乱码）进行人工修正。

第二，中文分词处理。不同于英文词与词之间以空格为自然分界符的文字序列，中文自然语言处理领域中的难点之一就在于如何将连续的汉字序列精准地切分成一个个具有独立含义的词，应用不同分词原理和分词软件处理，分词的效果有所不同。本书使用 "jieba" 对 822 份招股说明书 TXT 文本进行中文分词处理，"jieba" 分词是国内程序员用 Python 开发的一个中文分词模块，被认为是目前国内使用人数最多、精准度最高的 Python 中文分词组件。中文文本分词存在三个难点，即切分颗粒度、歧义词的识别和新词的识别（姚加权等，2020）。切分颗粒度的大小影响完整语义的识别，例如 "平均利润"，普通切词软件可能将其识别为 "平均" "利润" 两个词语。为了提高对金融会计词汇切词的准确率，本书将金融会计词汇列表提前导入词库中，以保障对金融会计词汇的完整识别。同时，为了提高分词的精确度，本书选择精准分词模式。招股说明书中包含大量独特新词，例如公司名称、产品类别、董事会成员姓名等，本书自定义了名称词典，以便帮助分词软件对新词进行精准识别。

第三，去除停用词。删除出现频率虽高，但却没有实际意义的虚词、代词或者没有特定含义的动词、名词，如 "这" "的" "是" "在"，这些词语对文本分析起不到任何的帮助，这里使用 "哈工大停用词表" 对分词后的文本进行降噪处理。

文本整体处理流程如图 4 - 1 所示。

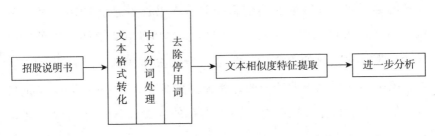

图 4 - 1   文本处理流程

2. 变量定义

（1）被解释变量

若要准确分离 IPO 抑价，即严格区分发行人、承销商的 IPO 定价与投资者首日收益率，那么从理性角度出发的一级市场概念，是指发行价格低于公司内在价值的比率，而从非理性角度出发的二级市场概念，是指收盘价格高于公司内在价值的比率。在英文文献中，多用 Underpricing 一词表示首日上市收盘价格高于初始发行价格。已有中文文献一般选取 2012 年以前的 IPO 数据作为研究样本，用新股首日上市收益率或经市场调整后的首日上市收益率初步度量 IPO 抑价程度。但本书选取 2014 ~ 2017 年作为样本区间，此区间受到新股上市首日涨幅限制，上交所和深交所的文件规定："股票上市首日全日投资者的有效申报价格不得高于发行价的 144% 且不得低于发行价的 64%"。基于中国新股上市后首日基本涨停的现实（经统计，样本区间内首日涨停比例高达 97%），投资者非理性热情会在上市初期逐日释放。查阅近年主流文献（宋顺林、唐斯圆，2019；魏志华等，2019）发现，学者们普遍用 IPO 实际首日回报率衡量中国资本市场中的 IPO 抑价程度，即企业在首次公开发行股票时实际上市首日收盘价相对于发行价的市场表现。因此，为考虑后续涨幅影响，本书借鉴张卫东等（2018）的做法，采用新股上市后第一次非涨停或非跌停当日的收盘价格相对于发行价格的比率来计算 IPO 实际首日回报率（*UP*），计算公式如下：

$$UP_{i,n} = \frac{P_{i,n} - P_{i,0}}{P_{i,0}} \tag{4-3}$$

其中，$P_{i,0}$ 为第 i 只新股的初始发行价格，$P_{i,n}$ 代表第 i 只新股上市后第 n 天第一次非涨停或非跌停当日的收盘价格。

（2）解释变量

本书将 TF-IDF 权重计算方法与余弦相似度方法一同应用在向量空间模型（Vector Space Model，VSM）中。在信息检索的背景下，术语加权对检索系统的有效性产生了巨大的影响，可根据不同词语的重要程度来调整每一个词的权重。下面，应用 TF-IDF 权重计算方法代替简单比例权重方法，对不同情感词语进行权重赋值，具体公式如下：

$$w_{i,j}^{tf \cdot idf} = \begin{cases} \left[1 + \log(tf_{i,j}) \right] \log \dfrac{N}{df_j} & \text{如果} tf_{i,j} \geq 1 \\ \\ 0 & \text{否则} \end{cases} \tag{4-4}$$

这里，$tf_{i,j}$ 用以描述词频，即第 j 个词在第 i 篇文档中出现的次数，N 表示样本包含的所有文档数量，df_j 表示第 j 个词至少出现过一次的文档数量。$\log \dfrac{N}{df_j}$ 计算了文档频率的倒数即 idf 值，虽然没有理论上的明确含义，但在文档检索领域中逆文档赋值方式实验效果和应用结果更优。

VSM 将文档表示为 n 维欧式空间中的矢量，其中，n 是样本所有文档中唯一词的数量，每个矢量元素的值都是该文档中特定词的频率。任何两个文档的相似性都是通过代表文档的两个向量之间的角度来度量的（Kwon and Lee，2003），即较小的余弦夹角表示文本之间的相似度较低（Singhal，2001；Brown and Tucker，2011）。

为了提高信息处理效率并节省存储空间，本书取预处理后每个招股说明书文本中 TF-IDF 值降序排列时前 10% 词语作为该文本的核心词语，汇总后删去重复中文词，最终可得包含 17541 个词在内的信息全集向量。为完成目标文本向量化，分别在这 822 个样本内将第 i 份招股说明书文本信息映射到向量 W_i 上，W_i 中的 w_{ik} 元素，是第 i 个文本中第 k 个中文词的 TF-IDF 值。

在定量分析第 i 份招股说明书和第 j 份招股说明书之间的相似度时，本书通过计算两个向量长度的标准化点积来测量一个单位球上两个词向量之间的夹角，这种方法被广泛应用于信息处理的研究中，公式如下：

$$W_i = (w_{i1}, w_{i2}, \cdots, w_{i17541}) \tag{4-5}$$

$$W_j = (w_{j1}, w_{j2}, \cdots, w_{j17541}) \tag{4-6}$$

$$Similarity_{i,j} = \frac{W_i \cdot W_j}{\| W_i \| \cdot \| W_j \|} \tag{4-7}$$

其中，W_i 是第 i 份招股说明书的核心文本向量，W_j 是第 j 份招股说明书的核心文本向量，由于所有词向量中的元素都是非负的，所以每两个招股说明书之间的相似度 $Similarity$ 的取值都会在 $[0, 1]$ 区间内。直观来看，两份招股说明书之间的核心词语以及重要程度完全一致时，则认定它们的相似度为 1，如果它们是完全不同的，那么相似度则为 0。

对于一份招股说明书 i 来说，在 n 个样本内会有 $n-1$ 个样本用来跟它做相似度比较，因此，本书定义第 i 份招股说明书的相似度为 $n-1$ 个相似度计算结果内大于 0.5 的个数，为了控制样本数量 n 的影响，本书将结果进行标准化处理，其数学表达如公式（4-8）所示。

$$Similarity_i = \frac{count(Similarity_{i,j} > 0.5)}{n-1} \tag{4-8}$$

3. 模型设定

本书建立如下模型对招股说明书文本相似度与 IPO 抑价程度之间的关系进行实证分析，以检验上文提出的假设。

$$UP_i = \alpha_0 + \alpha_1 \, Similarity_i + \sum_{j=1}^{6} \beta_j \, Control_{j,i} + \sum_{t=1}^{4} \gamma_y \, Y_{t,i} + \sum_{k=1}^{18} \delta_k \, Ind_{j,i} + \varepsilon_i$$

$$(4-9)$$

其中，UP_i 为新股的 IPO 抑价率；$Similarity_i$ 为招股说明书文本相似度；$Control_{j,i}$ 代表控制变量。中国股票市场的"热市效应"十分明显，股价波动幅度较大。例如，从 2014 年 3 月到 2015 年 6 月 12 日，被认为是中国股市的第 11 次牛市。这一时期投资者情绪波动较大，IPO 发行与发行时股市行情密切相关。基于此，在回归模型中，本书将年份 $Y_{t,i}$ 作为新股抑价的影响因素。此外，不同行业上市公司IPO 抑价程度也存在显著差异，本书根据中国证监会在 2012 年修订的《上市公司行业分类指引》，将样本公司的行业类型分为 18 类（不包括金融业），把行业变量 $Ind_{j,i}$ 作为影响 IPO 抑价的公司层面的一个因素，以控制行业因素对 IPO 融资成本的影响。本章从影响抑价的众多因素中选取了部分控制变量，其度量如下：①公司规模（Size），用 IPO 发行前最新公司总资产自然对数表示；②发行价格（Offerprice），以人民币计价的新股发行价格；③第一大股东持有比例（Largesh），用发行公司上市首日前十大股东中排名第一的股东的股票持有比例表示；④加权净资产收益率（ROE），IPO 发行前加权净利润与所有者权益的比率，部分缺失数据由 IPO 发行前最新公司净利润与净资产的比率计算得到；⑤资产负债率（Lev），以 IPO 发行前最新公司总负债与总资产的比率表示；⑥风险投资（VC dummy），如果 IPO 公司有风险投资支持，则设虚拟变量为 1，否则设为 0。

4.3.2　基准回归分析

1. 描述性统计

表 4 - 1 汇报了本章在实证分析中使用的关键变量的描述性统计。IPO 抑价率（*UP*）均值为 3.4020，最大值为 20.9888，表明中国 IPO 市场确实存在非常严重的"高抑价"现象。招股说明书文本相似度（*Similarity*）平均值为 59.4%，表明招股说明书文本内容同质化程度较高，信息披露质量相对不高。

表 4 - 1　描述性统计

变量	样本量	均值	标准差	中位数	最大值	最小值
UP	822	3.4020	2.5671	2.6374	20.9888	0.4699
Similarity	822	0.5940	0.2793	0.6831	0.9552	0.0405
Size	822	20.5936	0.9194	20.4067	26.1280	18.9310
Offerprice	822	14.0439	8.5954	12.1200	88.6700	1.2600
Largesh	822	0.3796	0.1424	0.3692	0.8118	0.0442
ROE	822	0.1426	0.0959	0.1229	0.7136	- 0.0587
Lev	822	0.3975	0.1668	0.3933	0.9820	0.0462
VC dummy	822	0.5131	0.5357	0	1	0

2. 回归结果

为了检验解释变量与控制变量之间是否存在多重共线性问题，本书计算了各变量的方差膨胀因子（VIF），VIF 值均小于 10，说明变量之间不存在多重共线性问题。为消除极端值对本书实证结果的影响，对所有变量进行了 1% 和 99% 的 Winsorize 的尾部处理。表 4 - 2 给出了招股说明书文本相似度对 IPO 抑价影响的回归结果。第（1）列为不加控制变量的模型检验，可以看到，招股说明书文本相似度（*Similarity*）对 IPO 抑价率（*UP*）的回归系数显著为正，即招股说明书文本相似度与 IPO 抑价存在正相关关系。第（2）列加入控制变量后，招股说明书文本相似度对 IPO 抑价率的回归系数仍为正，且在 1% 的水平下显著。第（3）列、第（4）列在控制年度效应和行业效应的基础上，*Similarity* 的回归系数依然显著为正。同时，各控制变量对 IPO 抑价的估计系数都较为合理。结果表明，招股说明书文本相似度越高，新股抑价水平越高，这与本书假设保持一致。根据前文理论机制部分所述，信息披露文本相似度与信息含量高度相关，即信息披露文本的相似度越高，信息含量越低。相似度较高的信息披露文本通过文字内容向投资者传递的公司价值信息较少，进一步提高了发行人与投资者之间的信息不对称程度，导致了较高的 IPO 抑价水平。同时，上述结果也说明，资本市场投资者在阅读招股说明书过程中会寻找关于公司的重要特质信息，当上市公司和承销商存在隐瞒私有信息的动机或用应付了事的态度完成同质性较强、重合度较高的"标准化"招股说明书时，IPO 抑价程度有所提高，这一结论与 Hanley 和 Hoberg（2010）、郝项超和苏之翔（2014）等的研究发现保持一致。

表 4 - 2　招股说明书文本相似度与 IPO 抑价

变量	（1）	（2）	（3）	（4）
Similarity	0.0901 ***	0.1169 ***	0.0932 ***	0.0972 ***
	(2.8219)	(3.9278)	(3.2738)	(3.8959)
Size		− 0.7160 ***	− 0.6544 ***	− 0.6641 ***
		(− 6.3441)	(− 5.3417)	(− 6.1556)
Offerprice		− 0.0712 ***	− 0.0670 ***	− 0.0684 ***
		(− 8.2188)	(− 8.756)	(− 7.1324)
Largesh		− 0.8925	− 1.0962 *	− 1.1775 *
		(− 1.4665)	(− 1.8704)	(− 1.8032)
ROE		− 2.5994 ***	− 2.6201 ***	− 2.6739 ***
		(− 2.8771)	(− 3.0433)	(− 3.7909)
Lev		− 0.3090	− 0.2728	− 0.2169
		(− 0.5069)	(− 0.4706)	(− 0.3596)

续表

变量	（1）	（2）	（3）	（4）
VC dummy		0.1244 （0.8790）	0.1272 （0.8058）	0.1326 （0.8633）
常数项	3.9372 *** （18.7845）	19.3179 *** （8.9511）	16.8297 *** （8.0673）	21.5187 *** （9.8135）
年度效应	未控制	未控制	控制	控制
行业效应	未控制	未控制	未控制	控制
N	822	822	822	822
R^2	0.1096	0.1781	0.2658	0.1971

注：括号中为 t 值，***、**、* 分别表示估计参数在 1%、5%、10% 的水平下显著。下表同。

4.3.3　稳健性检验

1. 变更招股说明书文本相似度的度量方式

为了验证所得结论的有效性，本书通过更换核心解释变量测度方法来完成稳健性检验。上文采用与第 i 份招股说明书的相似度大于 0.5 的个数标准化来衡量第 i 份招股说明书的相似度，这里本书取第 i 份招股说明书与其他招股说明书的平均相似度来度量第 i 份招股说明书的相似度，公式如下：

$$Similarity_i = \frac{\sum Similarity_{i,j}}{n-1} \qquad (4-10)$$

将公式（4-10）所测度的招股说明书文本相似度变量重新带入公式（4-9）进行回归，实证结果如表4-3第（1）、（2）列所示。在变更招股说明书文本相似度的度量方式后，*Similarity* 对 *UP* 的回归系数依旧显著为正，这说明招股说明书文本相似度确实与 IPO 抑价存在正相关关系。

2. 变更 IPO 抑价率的度量方式

在之前的模型中，本书使用新股上市后经市场调整的第一次非涨停或非跌停当日的收盘价格与发行价格之差除以发行价格度量 IPO 抑价率。为了确保主体结论的可靠性，在稳健性检验中，本书考虑新股上市连续涨停以及市场价格因素的影响，重新估计 IPO 抑价率，在此基础上 UP_{new} =（新股上市后首个收盘未涨停日的收盘价 – 发行价格）/发行价格 –（新股上市后首个收盘未涨停日的市场指数 – 发行日的市场指数）/发行日的市场指数，市场指数这里使用沪深 300 指数，将 UP_{new} 重新带入公式（4 – 9）进行回归，控制变量保持不变，回归结果如表 4 – 3 第（3）、（4）列所示，前文主体结论并未改变。

表 4 – 3　稳健性检验

变量	（1）	（2）	（3）	（4）
$Similarity$	0.0394 * （1.7854）	0.0877 * （1.7746）	0.0786 * （1.8841）	0.0803 * （1.9054）
控制变量	未控制	控制	未控制	控制
常数项	10.9846 *** （6.6547）	12.2478 *** （5.2164）	13.7365 *** （5.6987）	14.5288 *** （7.7484）
年度效应	未控制	控制	未控制	控制
行业效应	未控制	控制	未控制	控制
N	822	822	822	822
R^2	0.1633	0.1954	0.1230	0.1741

4.4　招股说明书文本相似度对 IPO 抑价影响的异质性分析

不同板块上市的企业的规模和成长性存在较为明显的差异。具体来看，在主板上市的公司，一般为企业规模较大的公司；而在创业板上市的公司，大多是规模较小的科技公司；在中小板上市的公司大多是规模介于两者之间的中小企业（郝项超、苏之翔，2014）。同时，从投资者特点来看，按照证券监管适当性管理原则，参与中小板、创业板的一般是具有一定风险承受能力、投资经验较多的成熟投资者，这类投资者风险意识较强，较一般投资者拥有对于招股说明书更高水平的阅读和理解能力。

为此，本书进一步考察招股说明书文本相似度与中国不同股票市场IPO抑价之间的关系。将整个样本按照上市公司的类别分为两个子样本：Panel A样本为主板市场企业，Panel B样本包括中小板市场企业和创业板市场企业。子样本的回归如表4－4所示。虽然招股说明书文本相似度在不同股票市场中均对IPO抑价产生了正向作用，但是仔细对比第（1）列与第（3）列、第（2）列与第（4）列可以发现，较主板市场而言，*Similarity*的回归系数在中小板市场和创业板市场中数值更大，更为显著。原因可能有二：一是从板块特征来看，在中小板、创业板挂牌的上市公司一般来说成立时间短、规模较小、信誉记录少、经营业绩不够稳定，对关键技术、核心人员依赖程度较高，因此招股说明书内含的经营风险相对于主板上市公司较高，投资者在阅读招股说明书时对于拟上市公司所传递的信息自然会有较大关注；二是按照投资者资格制度，参与中小板和创业板的投资者一般具有一定的风险承受能力和丰富的投资经验，对财务信息披露文本的阅读理解能力高于一般投资者，他们可以从"厚重"的招股说明书中提取较多的异质性信息，进一步降低IPO抑价率。

表4－4　异质性检验：不同市场讨论

变量	(1)	(2)	(3)	(4)
	Panel A：主板市场		Panel B：中小板市场和创业板市场	
Similarity	0.0690 *	0.0860 *	0.1355 **	0.1398 ***
	(1.8128)	(1.8980)	(2.2175)	(3.7140)
Size		− 0.6229 ***		− 0.7235 ***
		(− 2.7032)		(− 2.6986)

续表

变量	（1）	（2）	（3）	（4）
	Panel A：主板市场		Panel B：中小板市场和创业板市场	
Offerprice		−0.0588 *** （−5.4685）		−0.1029 *** （−3.5262）
Largesh		−1.0390 * （−1.7041）		−1.2585 （−0.5723）
ROE		−2.4398 *** （−2.7563）		−4.3106 （−1.1808）
Lev		−0.1447 （−0.2366）		−0.3463 （−0.7964）
VC dummy		0.1105 （0.9634）		0.1486 （0.7748）
常数项	4.0218 *** （17.2945）	19.9368 *** （8.0393）	3.3937 *** （6.8048）	22.9956 *** （3.7204）
年度效应	未控制	控制	未控制	控制
行业效应	未控制	控制	未控制	控制
N	382	382	440	440
R^2	0.0927	0.1709	0.1204	0.2052

4.5　本章结论

　　招股说明书是投资者可获得的有关公司上市的最准确文件。投资者能否掌握拟上市公司的相关信息在很大程度上取决于招股说明书的信息质量，从而影响新股实际首日收益率。现有的关于信息质量的研究主要集中在英文文本方面，本章提出使用文本相似度指标来衡量中文招股说明书的质量，克服了现有中文文本研究通过定性分析或评分来判断文本信息披露质量的主观缺点。本章从理论角度分析了招股说明书文本相似度对 IPO 抑价的影响机制，并以 2014～2017 年的中国 IPO 样本为例，研究了招股说明书文本相似度与 IPO 抑价之间的关联关系。此外，考虑到不同股票市场对投资者的要求以及公司成长性的差异，本章还进行了主板市场、中小板市场及创业板市场中的异质性分析，本章主要观点和结论如下。

第一，从理论上讲，信息传递可以提升交易效率，降低信息不对称程度。拟上市公司相关信息以招股说明书文本形式编码并传输给投资者，经由投资者解码，实现价值信息处理和认知。管理层提供的信息质量对信息内容的编码和解码有着最直接的影响。招股说明书文本相似度越高，说明其文本模板化与内容套用化越严重，导致其文本质量和信息含量下降，进一步提高了发行人与投资者之间信息不对称的程度，造成了更高程度的 IPO 抑价。

第二，从实证分析结果来看，招股说明书文本相似度越高，IPO抑价程度越高，这一结论在进行稳健性检验之后仍然成立。此外，研究还发现，不同市场的投资者对于文本信息含量的敏感度并不相同，上述结论在中小板市场及创业板市场样本组内更为显著，这与公司经营性质和成长性、投资者经验等都密切相关。因此，如果发行人降低招股说明书文本相似度，提高文本信息特质性，发行人与投资者双方的信息不对称程度就会降低，表现为 IPO 公司自身的融资成本在资本市场中会进一步下降。

第5章　招股说明书文本可读性
对 IPO 抑价的影响

　　招股说明书所含增量信息是否能够及时准确地被投资者识别并影响 IPO 市场表现，文本可读性是其中的重要影响因素。本章主要探讨招股说明书文本可读性对 IPO 市场表现的影响，从理论机制分析和实证数据检验两个方面来进行深入考察。首先，介绍以美国证券交易委员会为主发起的"简明英语"制度，并基于中文、英文各自的语言特点，梳理了主流高质量相关文献所用英文文本、中文文本可读性测度方法；其次，从印象管理和信息不对称视角，对招股说明书文本可读性对 IPO 抑价的影响进行了理论分析；最后，以2014～2017 年的 A 股招股说明书为文本分析对象，构建了中文金融文本可读性指标，实证分析招股说明书文本可读性对 IPO 抑价的影响，并进行稳健性检验、异质性分析和进一步讨论。

5.1　可读性制度背景及测度方法

5.1.1　"简明英语"的制度背景

　　为减小投资者公开信息获取成本，大幅提高发行人披露文件的清晰度，最大可能实现投资者准确理解披露文件所传递的信息，1998 年 10 月 1 日，美国证券交易委员会（United State Securities and

Exchange Commission，SEC）开始实施"简明英语"披露规则（Plain English Disclosure），主要体现于 Rule 421（b）和 Rule 421（d）两个法律文件之中。根据 Rule 421（d），发行人在撰写招股说明书时，其封面、摘要以及风险因素部分的组织、语言和设计必须满足"简明英语"写作要求，以使招股说明书更简明、更清晰、更有用、更易懂。"简明英语"具体包括以下六项基本原则：第一，简短的句子；第二，明确具体的日常用语；第三，主动语态；第四，对于复杂内容尽可能使用图标或列表呈现；第五，不使用法律术语或高技术性的商业术语；第六，不使用多重否定。

与 Rule 421（d）相比，原有 Rule 421（b）更加强调招股说明书整体须清晰（clear）、简洁（concise）和易懂（understandable）。在此基础上，Rule 421（b）修正案以法律形式，补充说明如何将上述要求具体应用于招股说明书全文撰写中，并列示了需要避免的四类频繁使得招股说明书可读性下降的情形：第一，教条的或过于复杂的陈述使披露内容难以理解；第二，含糊不清的模版解释容易让不同阅读者得到不同的理解；第三，直接从法律文件中复制复杂信息，而没有对该条款进行任何清晰、简洁的解释；第四，重复性信息披露只会增加文档的大小，不会提高信息的质量。

也正是在此背景下，SEC 投资者教育与援助办公室于 1998 年发布了全球第一份信息披露简明写作指导手册——《简明英语手册：如何撰写简洁明了的 SEC 披露文件》（*A Plain English Handbook：How to Create Clear SEC Disclosures Documents*），这份长达83页的文件力图"手把手"教会公司代理人如何将"简明英语"原则应用于披露文件中，为发行人撰写更加清晰简洁的披露文件提供更为实用的写作技巧和官方指导。表5－1为该手册展示的运用"简明英语"规则进行改写的部分示例。

表 5 - 1　运用"简明英语"规则进行改写的部分示例

规则	修改前	修改后
Use the active voice with strong verbs（用主动语态搭配强动词）	The foregoing Fee Table is intended to assist investors in understanding the costs and expenses that a shareholder in the Fund will bear directly or indirectly	This table describes the fees and expenses that you may pay if you buy and hold shares of the fund
Try personal pronouns（尝试使用人称代词）	This Summary does not purport to be complete and is qualified in its entirety by the more detailed information contained in the Proxy Statement and the Appendices hereto, all of which should be carefully reviewed	Because this is a summary, it does not contain all the information that may be important to you. You should read the entire proxy statement and its appendices carefully before you decide how to vote
Bring abstractions down to earth（抽象概念具体化）	Sandyhill Basic Value Fund, Inc. (the "Fund") seeks capital appreciation and, secondarily, income by investing in securities, primarily equities, that management of the Fund believes are undervalued and therefore represent basic investment value	At the Sandyhill Basic Value Fund, we will strive to increase the value of your shares (capital appreciation) and, to a lesser extent, to provide income (dividends). We will invest primarily in undervalued stocks, meaning those selling for low prices given the financial strength of the companies
Omit superfluous words（省略多余词汇）	Drakecorp has filed with the Internal Revenue Service a tax ruling request concerning, among other things, the tax consequences of the Distribution to the United States holders of Drakecorp Stock. It is expected that the Distribution of Beco Common Stock to the shareholders of Drakecorp will be tax-free to such shareholders for federal income tax purposes, except to the extent that cash is received for fractional share interests	While we expect that this transaction will be tax free for U. S. shareholders at the federal level (except for any cash paid for fractional shares), we have asked the Internal Revenue Service to rule that it is
Write in the "positive"（使用肯定句）	Persons other than the primary beneficiary may not receive these dividends	Only the primary beneficiary may receive these dividends

规则	修改前	修改后
Use short sentences （使用短句）	The following description encompasses all the material terms and provisions of the Notes offered hereby and supplements, and to the extent inconsistent therewith replaces, the description of the general terms and provisions of the Debt Securities (as defined in the accompanying Prospectus) set forth under the heading "Description of Debt Securities" in the Prospectus, to which description reference is hereby made. The following description will apply to each Note unless otherwise specified in the applicable Pricing Supplement	We provide information to you about our notes in three separate documents that progressively provide more detail 1. The Prospectus 2. The Prospectus Supplement 3. The Pricing Supplement

资料来源：根据《简明英语手册：如何撰写简洁明了的 SEC 披露文件》（*A Plain English Handbook*：*How to Create Clear SEC Disclosures Documents*）整理。

显然，美国金融监管在公开信息披露方面对上市公司及其代理人提出了较为严格的要求（Colesanti，2013）。正如时任 SEC 主席的 Arthur Levitt 在该手册的序言部分所言：

Investors need to read and understand disclosure documents to benefit fully from the protections offered by our federal securities laws. Because many investors are neither lawyers, accountants, nor investment bankers, we need to start writing disclosure documents in a language investors can understand：plain English.

换言之，"简明英语"倡议对于绝大部分并不具备丰富的专业知识或金融经验的普通投资者而言，能够起到降低信息获取门槛的作用。在信息披露中实践"简明英语"书写规则，不仅意味着可以降低阅读者阅读信息的难度，为阅读者节约阅读时间，还意味着阅读者能够保持对上市公司所传递信息的高度注意力，这使得投资者解码信息的效率大幅提高。但需要指出的是，SEC 也允许发行人在招股说明书中使用法律性、技术性专业术语。例如，一些高科技公司在向投资者展示其产品或服务的异质性时，必须使用技术术语以突出特殊的市场地位、技术条件等，但这类术语不应该是仅有同行才能看懂的"高深词汇"。在使用专业术语时，一方面应列示投资者所需掌握的术语词典，另一方面首次使用时也应向投资者尽力解释清楚其内在含义。因此，"简明英语"并不意味着保留简单信息而去除复杂信息，恰恰相反，当投资者能够理解词语，有效地读完并记住每一段落所传递的信息时，即使是最复杂的信息也能通过有序、清晰的表达成功地传递给阅读者。将重要的复杂信息简单化，这才是"简明英语"的核心要义。

此后，SEC 逐步扩大"简明英语"的适用范围，从招股说明书的"试点"扩大至共同基金招募说明书、薪金讨论与分析（Compensation Discussion and Analysis，CD&A）材料和投资顾问向 SEC 提交的注册文件 ADV 表格中的 Part II。从全球范围来看，欧盟、加拿大、马来西亚及日本等地区和国家也在积极实践信息披露"简明性"倡议。例如，欧盟在其发布的《招股说明书指示》中明确指出，"招股说明书应包含使投资者能够对资产和负债、财务状况、损益、发行人和任何担保人的前景进行知情评估的所有必要信息……这些信息应以易于分析和理解的形式呈现"。具体来说，招股说明书摘要部分应以简明扼要的方式书写，不应使用技术性语言，且总字数不应超过 2500 字。加拿大证券管理委员会（Canadian Securities Administrators，CSA）在其发布的《招股说明书披露要求》（National Instrument 41 – 101 General Prospectus Requirements）中强调：招股说明书中应简明披露与拟发售证券有关的所有重要事实。进一步，不列颠哥伦比亚省证券委员会（British Columbia Securities Commission，BCSC）为信息撰写者提供了符合简明性定义的模板。马来西亚证券管理委员会（Securities Commission Malaysia）公布了《招股说明书简明语言指南》（Plain Language Guide for Prospectus），旨在指导发行人使用简单的英语创建简单和友好的招股说明书。该指南强调，在保证信息充分披露的同时，要摒弃现行的招股说明书的写法，避免使用过多的术语和长句。总体来看，该指南更像是 SEC 简明英语手册的缩写版。

向"简明英语"转变需要一种新的思维和写作风格，虽然可能需要一些时间和努力，但长期来看，这无疑对提高信息披露质量，构建以普通大众投资者需求为导向的信息披露体系有里程碑式的意义。

5.1.2　已有金融文本可读性测度方法

1. 可读性基本简介

关于可读性的早期定性研究起源于欧美地区，可追溯到 19 世纪末期。最初，内布拉斯加大学英语文学教授 Sherman（1893）选取不同时期的 100 个句子并计算其平均长度，从统计的角度研究发现，英文句子随着时间的推移呈现逐渐缩短的趋势——平均整句含词量从 16 世纪伊丽莎白时代的 50 个左右缩短至 19 世纪的 23 个。这一趋势是由于口语对书面英语产生了影响，更简短的句子和更具体的词语可以帮助阅读者理解文字所传递的信息，即可读性会得到较好改善。

20 世纪 20 年代，三大趋势引发了人们对可读性的注意：一是学校人口的变化，特别是移民浪潮使得中学生数量激增；二是当时的书本上充斥着大量的专业词汇，以至于教师普遍反映学生认为教科书难度偏高，教师们把所有的课堂时间都用来教授词汇；三是越来越多的学者使用更加科学客观的方法来研究教育问题（DuBay，2007a，2007b）。正是在这样的背景下，俄亥俄州立大学的 Lively 和 Pressey（1923）首次提出要找到一些测度教科书可读性的方法以减少学生的"词汇负担"（Vocabulary Burden），可读性的定量测度在此之后逐渐发展。他们计算了每 1000 个单词中的单词数量（重复出现的算一个单词）、桑代克词汇列表（Thorndike's Word List）中索引不到的单词数量以及桑代克词汇列表中索引到的单词数量的中位数，研究发现，索引数的中位数是衡量阅读材料词汇负担的最佳指标，该指数越高，文本可读性越高，同时该研究也证明了统计方法预测文本阅读难度的有效性，然而该方法的缺点是在实际操作中所需时间过长[①]。随后，Vogel 和 Washburne（1928）在 Lively 和 Pressey 研究的基础上，又进一步设计了包含文本结构特征和经验评价的温内特卡可读性公式（Winnetka Formula），该公式与儿童阅读测试分数的相关性很高（r = 0.845），也就是说，可以客观地将一篇文章的等级水平与其读者的阅读能力相匹配。因此，温内特卡可读性公式成为第一个通过等级来预测文本难度的公式，也是现代可读性公式的重要原型。

20 世纪 30 年代，很多学者开始转向研究成人阅读能力的有限性，如 Dale 和 Tyler（1934）构造了第一个针对成年人的可读性公式，Gray 和 Leary（1935）发表了他们在阅读研究方面具有里程碑意义的著作——《什么使书具有可读性》（*What Makes a Book Readable*），研究中他们初步选取了 228 个可能影响成人阅读的可读性因素，最后确立了平均句子含词量、不易理解的词语数量、人称代词数量、不同词语占比以及介词短语数量这五个耦合性较小的变量为

---

① 手工进行一本教材的可读性测度大概需要 3 个小时。

可读性核心指标，并通过合并变量的形式将其拟合为精确度更佳的可读性指标。1950年后，应用文本更为广泛的Dale-Chall公式、Flesch公式、Gunning Fog指数、SMOG公式等可读性测度方法的不断出现，使得文本可读性研究日益成熟。目前，已有超过200个可读性公式用以测度不同语言的文本可读性。大部分成熟的可读性公式包含两个共同的变量，一个是语义变量，如词汇认知难度、词汇专业难度；另一个是句法变量，如完整句子平均长度。二者皆为文本阅读难度的核心预测指标。下一小节会详细介绍目前应用较为广泛的可读性公式。

可读性研究最初在教科书年级划分、保险合同以及军事指令的可理解性等领域开展，又称文本易读性、可理解性。Loughran和McDonald（2014）最先明确将金融文本可读性定义为个人投资者以及分析师从公司信息披露文本中获取有价值的信息的能力，同时指出，在评估金融财务文件信息质量时，可读性可以作为重要的代理变量或评估变量。Li最先使用迷雾指数（Fog Index）——平均句子长度与复杂词语占比的线性组合作为上市公司年报的可读性代理变量，此后大量学者进行英文金融文本信息研究时也普遍选择迷雾指数来刻画文本可读性。

2. 主流英文金融文本可读性测度方法

Just as the Black-Scholes model is commonplace when it comes to compliance with the stock option compensation rules, we may soon be looking to the Gunning-Fog and Flesch-Kincaid models to judge the level of compliance with the plain English rules. （译：正如布莱克-斯科尔斯模型在股票期权行权规则方面的常见性，我们可能很快就会用迷雾指数和Flesch-Kincaid模型来判断简单英语规则的遵守程度。）

——*SEC Chairman Christopher Cox*（美国证券

交易委员会主席考克斯）

可读性是信息有效沟通的决定性因素（Courtis，2004），因此，自 20 世纪 60 年代以后，金融会计信息的可读性一直是学者们持续关注的研究对象之一。量化金融文本的可读性是一项具有挑战性的工作，监管者和学者们已经为之奋斗了几十年。在计算语言学与教育学领域中，有许多方法来测度文本可读性，以预测书面交流的沟通效果。为使讨论更具针对性，本部分仅梳理以英文上市公司信息披露文本作为分析对象并具有较大影响力的文献中所用可读性测度方法。

（1）迷雾指数（Gunning Fog Index）

在金融文本分析领域，Li（2008）最先使用著名且简单的迷雾指数，改变以往手工计算方法，凭借计算机计算优势，大规模测度了上市公司年报的可读性，为年报可读性与公司未来业绩表现之间的关系提供了大样本的经验证据。随后，该研究迅速得到学者们的广泛关注，也掀起了学术界利用计算机文本分析方法挖掘信息披露文本中非结构化文本特征及文本内容的浪潮。大量学者采用迷雾指数作为衡量财务披露文件可读性的指标。

迷雾指数由美国学者 Gunning 构建，因此也被称为 Gunning Fog 指数（Gunning，1952）。该指数估计了平均质量水平的读者在首次阅读某一文本时需要接受的正规教育年限，例如，某文本迷雾指数为 12 的含义是，要求达到美国高中生（18 岁左右）的阅读水平。该公式结果与通过阅读测试度量阅读者的理解力结果高度相关，相关系数高达 0.91，因此迷雾指数被认为是最可靠、最容易应用的可读性公式之一。具体计算公式如下：

$$Fog = 0.4 \times (平均句子含词量 + 复杂词语占比) \tag{5-1}$$

这里，复杂词语占比是指包含三个或三个以上音节的单词数量占全文单词总量的比例。迷雾指数与阅读难度的关系为：$Fog \geqslant 18$ 表示文本可读性极差（unreadable）；$14 \leqslant Fog < 18$ 表示阅读比较困难（difficult）；$12 \leqslant Fog < 14$ 表示阅读难度较为理想（ideal）；$10 \leqslant Fog < 12$ 表示文本阅读难度在可接受范围内（acceptable）；$8 \leqslant Fog < 10$ 表示文本阅读难度较低（childish）。

在 Li（2008）之后，很多学者选择迷雾指数衡量年报可读性（Biddle et al.，2009；Miller，2010；Lehavy et al.，2011；Lawrence，2013；Lundholm et al.，2014；Guay et al.，2016；Dyer et al.，2017；Lo et al.，2017），也有部分学者研究了分析师报告文本可读性（De Franco et al.，2015）、企业社会责任报告文本可读性（Wang et al.，2018）等，具体的研究主题和研究发现，已在前文 3.2 小节中进行了详细讨论。

值得注意的是，迷雾指数也存在一些缺点。如 Jones 和 Shoemaker（1994）指出，如果某一篇文章中每个句子中的单词都被随机地重新排序，那么该文本对于读者而言将是完全不可理解的，但改变前后并不会改变迷雾指数的数值。也就是说，迷雾指数忽略了文本叙述结构对可读性的影响。另外，对于金融会计文本中复杂词语识别的准确性和适用性也存在一定争议（Loughran and McDonald，2016），同时，准确计算复杂文本的平均句子长度也存在一定的操作障碍（Bushee et al.，2018）。尽管有这些限制，迷雾指数仍为学者们客观地、大规模地研究公司的信息披露特征的简便计算方式（Lehavy et al.，2011）。

（2）Flesch 公式（Flesch Formula）

在上市公司信息披露文本分析领域中，Flesch 公式也是被学者们广泛使用的工具之一。1943 年，哥伦比亚大学的 Rudolf Flesch 在他的博士论文"Marks of a Readable Style"中发表了衡量成人阅读材料可读性的公式——Flesch 可读性公式（Flesch Readability Formula)。该可读性公式基于三个语言元素计数：平均句子长度、前缀和后缀的数量以及对人的引用数量（人名及人称代词）。Flesch 可读性公式自问世以来，被广泛应用于报纸报道、广告、政府文件以及公告传单等各类文本编辑中。正是由于该公式被广泛应用，Flesch 认为有必要对其进行重新修正以弥补应用中出现的不足，例如平均句子长度所赋权重过大、词缀统计困难等。1948 年，Flesch 发表了第二个更为有效、简易的可读性公式——Flesch 易读公式（Flesch Reading Ease Formula）。该公式根据平均句子长度和平均词语含音节量计算而得，具体公式如下：

$$Flesch\ Reading\ Ease\ Score = 206.835 - 1.015 \times$$
$$\text{平均句子长度} - 84.6 \times \text{平均词语音节数} \qquad (5-2)$$

其中，*Flesch Reading Ease Score* 代表文本易读性得分，得分区间为 0~100 分，得分越高，代表文章可读性越高，具体分值所代表的阅读难度如表 5-2 所示；平均句子长度，即全文词语总数除以全文句子总数；平均词语音节数，即全文音节总数除以词语总数。

表 5-2　文本易读性得分与文本阅读难度对照表

单位：分

易读性得分	难度描述	所需受教育年限
0~30	特别难	大学四年级以上
30~50	难	大学一年级至大学四年级
50~60	比较难	高中一年级至高中三年级
60~70	正常	初中二年级至初中三年级
70~80	比较简单	初中一年级
80~90	简单	小学六年级
90~100	非常简单	小学五年级

1976 年，美国海军委托 Flesch 和 Kincaid 两人进行了一项文本可

读性研究，他们进一步修改了 Flesch 易读公式中的赋值权重，使得新可读性公式可以产生一个阅读等级分数，这个流行的公式被称为 Flesch-Kincaid 等级公式（Flesch-Kincaid Grade Level Formula），不久后也成为美国军事标准。具体公式如下：

$$Flesch\text{-}Kincaid\ Grade\ Level\ = 0.39 \times 平均句子长度 + $$

$$11.8 \times 平均词语音节数 - 15.59 \qquad (5-3)$$

其中，*Flesch-Kincaid Grade Level* 代表文本阅读年级水平，数值越大，阅读难度越高。

同迷雾指数作用相似，不同形式的 Flesch 公式也被许多研究者应用于测度年报、盈余公报等各类金融会计文本可读性水平（Lehavy et al.，2011；Laksmana et al.，2012；De Franco et al.，2015；Guay et al.，2016；Melloni et al.，2016；Lim et al.，2018；Bacha and Ajina，2019）。

Flesch 公式的局限性包括：一是无法区分在商务交流中常见的多音节单词，如 information、communication 等，而对于投资者来说理解难度往往微不足道；二是无法识别短音节的技术词汇，如一些短音节的金融、科技词汇，理解难度较高；三是忽略了读者特征对文本可读性的影响，包括读者阅读兴趣、经验或专长。

（3）文本规模

Loughran 和 McDonald（2014）提出，建议使用在美国证券交易委员会的 Edgar 网站上获取的年报文本（10-K）文件大小（File Size）的自然对数作为年报可读性代理变量。对比迷雾指数与文件大小，实证发现文件大小作为可读性代理指标的效果更佳。年报文件大小作为可读性代理指标的合理解释是，如果公司试图掩盖有关收益等强制性披露信息，不太可能会使用晦涩的词语或复杂的修辞，更可能出现的情形是，把"不太好看"的实际情况埋藏在看起来更厚重的文件中（平均每篇 10 - K 报告的字数超过 3.8 万个词语）。投资者必须阅读数百页年度报告，才能够获取有关该公司的价值信息，进而提高了投资者的信息获取成本，使投资者面对年报时"望而生畏"。

随后，许多研究使用完整提交的 10 - K 报告文件大小作为年度报告可读性的综合衡量指标（Ertugrul et al. , 2017；Luo et al. , 2018；Boubaker et al. , 2019；Kim et al. , 2019；Hasan，2020）。文本规模并不是可读性完美的代理变量，但是文件大小具有简单准确获取、避免对金融会计文档进行文本挖掘时可能出现的实质性度量错误等明显优势。与文件大小类似的指标还有文本页数、文本长度（全文含词总量）。

除上述三种测度方法外，学者们也在不断创新衡量金融文本可读性的方法。如 Bonsall 等（2017）为捕捉 SEC 提出的年报、招股说明书等文件写作需满足的简明英语属性，利用简明英语编辑软件（StyleWriter），从多个维度设计了上市公司信息披露文本可读性测度公式——沼泽指数（Bog Index）。

主流英文金融文本可读性测度方法见表 5 - 3。

表 5 - 3　主流英文金融文本可读性测度方法

测度方法名称	主体公式	代表文献
迷雾指数	0.4 ×（平均句子含词量 + 复杂词语占比）迷雾指数越大，文本可读性越差	Li（2008）；Biddle 等（2009）；Lehavy 等（2011）；Miller（2010）；Lawrence（2013）；Lundholm 等（2014）；Guay 等（2016）；De Franco 等（2015）；Lo 等（2017）；Dyer 等（2017）

续表

测度方法名称	主体公式	代表文献
Flesch 公式	206.835 − 1.015 × 平均句子长度 − 84.6 × 平均词语音节数 易读性得分越高，文本可读性越高 0.39 × 平均句子长度 + 11.8 × 平均词语音节数 − 15.59 等级水平越高，文本可读性越低	Lehavy 等（2011）； Laksmana 等（2012）； De Franco 等（2015）； Guay 等（2016）； Melloni 等（2016）； Lim 等（2018）； Bacha 和 Ajina（2019）
文本规模	PDF 文件大小，以 MB 为单位 PDF 页数 全文含词总量 文本规模越大，文本可读性越差	Loughran 和 McDonald（2014）； Ertugrul 等（2017）； Luo 等（2018）； Boubaker 等（2019）； Kim 等（2019）； Hasan（2020）

3. 现有中文金融文本可读性测度方法

中文研究中，无法直接用"拿来主义"利用比较有代表性的英文文本可读性测度公式。一方面，基于英文文本特点所提出的测度方法不适用于中文文本，例如，英文中按音节长短来区分难易单词，而中文的单音节词并无长短之说；另一方面，以考察教材难易、外语教学为目的的方法不适用于年报、招股说明书这类金融文本。这两方面因素决定了不能简单地照搬照抄现有可读性公式，需要中国学者按照"本土化"原则创建自己的文本特征测度公式。

近年来，基于中文金融文本语言特点，学者们开始初步尝试应用计算机文本分析技术对包括年报、招股说明书等在内的上市公司信息披露文本可读性进行探索性研究。借鉴吴思远等（2020）的归纳思路，本书分别按照汉字、词语、句子以及篇章四个层面，逐级梳理了为数不多的已有研究中用以测度中文上市公司信息披露文本可读性的 22 个具体指标（见表 5-4）。

表 5 – 4　现有中文金融文本可读性度量指标

一级指标	二级指标	三级指标	代表文献
汉字层面	字形复杂度	• 汉字平均笔画数 • 少笔画汉字占比（笔画在 1～10 笔） • 中笔画汉字占比（笔画在 11～20 笔） • 多笔画汉字占比（笔画在 20 笔以上）	丘心颖等（2016）
	汉字熟悉度	• 常用字字数/占比 《通用规范汉字表》中的汉字 《现代汉语常用字表》中的汉字 《现代汉语语料库字频表》中出现次数大于 5 次的汉字 • 次常用字占比 《现代汉语次常用字表》中的汉字	王克敏等（2018）； 陈霄等（2018）； 孟庆斌等（2017）
词语层面	词语熟悉度	• 常用词语总数/占比 汉语水平考试 1～3 级词汇 《现代汉语语料库词频表》中出现次数大于 50 次的词语 • 复杂词语总数 《汉语水平词汇与汉字等级大纲》中的丙级词和丁级词 • 低频词语占比 《现代汉语频率词典》除前 3000 个高频词外的词语	周佰成和周阔（2020）； 孙文章（2019）； 陈霄等（2018）； 丘心颖等（2016）
	词语语义难度	• 专业词语占比 《牛津英汉双解会计词典》中词语 《最新汉英经济金融常用术语》中词语	周佰成和周阔（2020）； 孙文章（2019）； 王克敏等（2018）
句子层面	句子长度	• 平均句读含字量 • 平均句读含词量 • 平均整句含字量 • 平均整句含词量	周佰成和周阔（2020）； 孙文章（2019）； 陈霄等（2018）
	句法复杂度	• 平均句子层次结构 复句包含分句的平均程度 • 被动句总数	孙文章（2019）；

续表

一级指标	二级指标	三级指标	代表文献
篇章层面	文本长度	• 文本字符数	逯东等（2019）；孙文章（2019）
		• 文本词语数	
		• 文本句子数	
	文本大小	• 文档页数 PDF 文件的页数	周佰成和周阔（2020）；逯东等（2019）
		• 文档文件大小 PDF 文件或转换后的 TXT 文件大小	
	逻辑复杂度	• 转折逻辑 转折连词占比	王克敏等（2018）

资料来源：笔者整理。

汉字层面包括字形复杂度和汉字熟悉度两个维度。

第一，字形复杂度具体包括汉字平均笔画数、少笔画汉字占比、中笔画汉字占比和多笔画汉字占比四个指标。一般认为，笔画数是影响汉字复杂度的主要因素，即笔画数越多，视觉效果越复杂，记忆和识别该汉字的难度就越高。

第二，汉字熟悉度具体包括常用字字数/占比和次常用字占比两个指标。根据汉字出现频率，可将汉字划分为常用字、次常用字以及生僻字，不同学者应用不同字表对文本汉字熟悉度进行识别。

词语层面包括词语熟悉度和词语语义难度两个维度。

第一，词语熟悉度具体包括常用词语总数/占比、复杂词语总数和低频词语占比三个指标。常用词语总数/占比是可读性的正向指标，而复杂词语总数和低频词语占比都是可读性的负向指标。不难理解，陌生词语会降低阅读者处理信息的能力。当阅读者遇到陌生词语时，通常会在上下文中寻找其具体含义，因此会重新阅读之前的句子或章节。而这一过程非常低效，它减慢了信息接收者的理解速度，扰乱了阅读流程，阻碍了其认知记忆的过程。与汉字熟悉度相似，文本分词处理后，不同学者根据不同词表对所研究文本的词语熟悉度进行统计。

第二，词语语义难度一般用专业词语占比这一指标来度量。这里的专业词语特指上市公司信息披露文本中的金融术语以及财务会计术语。已有研究认为，阅读招股说明书等上市公司信息披露文本的难度并不亚于阅读一篇博士论文，造成这一现象的原因主要是其文本中使用了大量金融、会计专业词语（王克敏等，2018），因此，对于财务报告阅读者而言，专业词语占比可以用来作为语义理解障碍的代理指标。常用的会计词典或金融词典有《牛津英汉双解会计词典》《最新汉英经济金融常用术语》。

句子层面包括句子长度和句法复杂度两个维度。

第一，句子长度具体包括平均句读含字量、平均句读含词量、平均整句含字量以及平均整句含词量四个指标。阅读者往往以标点符号的出现作为接收文本信息的暂时停顿（Roux，2008），然而受人脑瞬时存储能力限制（Miller，1956），分句或整句含词（字）量越多，阅读者一次性处理的信息量就越大，认知负担越重，文本阅读难度就越高。

第二，句法复杂度具体包括平均句子层次结构和被动句总数两个指标。平均句子层次结构，严格意义上应该用平均句法树高度来表示，也可以简单用复句中的平均分句数量来表示。读者能够快速地理解主动语态的句子，是因为主动语态更加符合人脑思考和处理信息的方式，与之相比，被动语态会迫使阅读者在将被动语态转换为主动语态过程中，采取额外的思维步骤。同时，被动句中实施动作的主语常常被省略，也给阅读者造成了理解障碍。

篇章层面包括文本长度、文本大小和逻辑复杂度三个维度。

第一，文本长度具体包括文本字符数、文本词语数和文本句子数三个指标。

第二，文本大小具体包括文档页数和文档文件大小两个指标。

现有中文招股说明书平均页数有 300 页之多，有的甚至高达 500 页，投资者面对如此厚重的财务文件，往往选择以浏览的方式粗略阅读。因此，文档页数越少，文档文件越小，可读性越好，投资者积极阅读的意愿就越高，上市公司公开披露文本中的信息就越能够得到更为高效的传递。

第三，目前已有学者从转折逻辑角度测度逻辑复杂度。顺势思维是人类大脑的习惯性思考方式，当文本中出现"但是""然而""可是""相反"等转折连词时，无疑打断了信息与信息之间的连贯性和衔接性，降低了文本可读性，同时也大大增加了阅读者对文本形成深入理解的难度（Sung et al.，2015）。

通过文献梳理可以发现，学者们所用上市公司信息披露中文文本可读性测度方法大致可以分为两类。一类是应用多个测度指标，分别从不同维度逐一对信息披露文本进行可读性测度（周佰成、周阔，2020；逯东等，2019；王克敏等，2018）。如周佰成和周阔（2020）从语义复杂性和词义陌生度两个维度构建中文金融文本可读性指标，包括整句平均含词量、句顿平均含词量、专业术语占比以及低频词语占比，将这 4 个指标分别作为核心解释变量依次放入以 IPO 抑价程度为被解释变量的回归方程中。另一类是将多个测度指标应用某一方法（多元线性回归、主观赋权法等）拟合成一个综合性指标，以此全面衡量金融文本可读性（孙文章，2019；丘心颖等，2016）。如孙文章（2019）选用文本长度、字符总数、句子总数、平均句长、复杂长句层次结构、被动句数量、专业词个数和复杂词个数等 8 个可读性指标，利用问卷调查结果确定各指标权重矩阵，采用层次分析法（AHP）和灰色关联度方法计算得到每份年报的可读性分数。

5.2　招股说明书文本可读性对 IPO 抑价的影响机制分析

5.2.1　问题的提出

One must consider also the audience... the reader is the judge.
（译：观众也是必须考虑的因素……读者即是法官。）

——Aristotle（亚里士多德）

招股说明书作为拟上市公司首次正式提供给公众有关公司经营信息和财务信息的全面披露材料，其信息披露质量直接影响着 IPO 市场效率。除财务报表和附注等数据类"硬信息"外，招股说明书所含文字陈述部分的"软信息"也是决定 IPO 市场效率的重要因素（Loughran and McDonald，2013）。已有研究发现，提高信息披露质量有利于降低信息不对称程度进而缓解 IPO 抑价。近年来，不少学者分别从信息含量（Hanley and Hoberg，2010）、信息模糊性（Arnold et al.，2010）、管理层语调（Ferris et al.，2013；Loughran and Mc-Donald，2013；Brau et al.，2016）等方面，探讨了招股说明书文本"软信息"如何影响 IPO 抑价。

充分和公平的信息披露机制是保护投资者的基石之一。如果上市公司无法借助披露文件清楚地传达真实信息，投资者就会失去这一基本保护。不知所云——这是大多数中小投资者在阅读上市公司公开信息披露文件时最为切身的感受和体验。复杂多变的长难句式、专业晦涩的会计术语、纷繁复杂的会计报表，加之动辄就长达上百页的阅读量，都使得想要获取更多上市公司或拟上市公司相关信息的普通投资者，在"巨大"的招股说明书或年报等披露文件面前知难而退。然而，复杂的证券交易又进一步放大了这一问题。证券行业以及监管部门面临的重大挑战之一，就是如何确保金融信息以易读、易理解的形式被投资者所接收。

个体理解水平的差异会导致投资者在阅读同一文本时获取的信息不同，因而就会有"一千个读者心中有一千个哈姆雷特"的现象。当财务披露文件的阅读难度超过投资者平均理解水平时，信息误读的可能性就会大大增加。实际上，在投资者阅读文本的过程中，信息一直处于被吸收、过滤、扩展和转换的动态过程中，即解读信息本质上是一个适应性与变异性并存的处理过程。当财务信息披露缺乏明确的文本约束条件时，个体信息理解的变异性跨度就会变大，而涉及传递严格的功能性信息时，尤其希望投资者对于信息的理解是一致的、准确的、充分的。阅读过程中出现的信息转换变异，最容易因书写方式的简明性而降到最低。

然而目前，国内外鲜有文献从招股说明书可读性影响投资者信息解读成本的角度研究 IPO 市场效率问题。进一步来说，投资者如果不能准确接收并重构招股说明书中所披露的文字信息，就无法掌握公司的基本情况并做出合理的投资决策。那么，中文招股说明书可读性是否会通过影响投资者有效信息获取继而影响 IPO 抑价程度？这一问题亟待研究。

本部分采用文本分析方法，以 2014 ~ 2017 年的 A 股招股说明书为文本分析对象，从语义复杂性和词义陌生度两个维度构建中文金融文本可读性指标体系，基于印象管理与信息不对称理论，考察中文招股说明书文本可读性与 IPO 抑价之间的关系。

本章的边际贡献可能体现在以下三个方面。第一，从研究对象来看，本书以中文招股说明书全文作为文本挖掘对象，进一步拓宽了中文金融文本分析的研究范畴。已有文献进行金融文本挖掘时分析对象主要集中在股吧、分析师研究报告、媒体报道以及公司年报等上，然而以中文招股说明书全文作为研究对象的相关文献实属不多。可见，有必要以中文招股说明书为文本分析对象进行进一步探索。第二，从研究内容来看，本书提出并完成了中文金融文本可读性度量。针对不同语料所提出的文本特征测度公式都有其适用的限定范围，以往应用较为广泛的文本可读性公式，一方面是基于英文文本提出的方法不适用于中文文本，另一方面是以考察教材难易、外语教学为目的的方法不适用于金融文本，这两方面因素决定了不能简单地照搬照抄现有可读性公式。本书从语义复杂性和词义陌生度两个维度创建了中文金融文本可读性指标，进一步拓展了文本可读性研究。第三，从理论创新来看，本书尝试探讨招股说明书文本可读性对 IPO 抑价的影响机理，对 IPO 抑价理论进行了丰富。本书从 IPO 公司进行印象管理角度出发，以信息不对称理论为基础，具体分析了招股说明书文本可读性是否以及如何影响新股定价效率及其市场表现。

5.2.2　招股说明书可读性对 IPO 抑价的影响机制

近年来，有关公司策略性信息披露的研究得到广泛关注。公司印象管理理论认为，管理层试图构建积极正面的公司形象以期策略性地操纵利益相关者的决策，从而避免负面信息对公司价值及其自身利益的损害（Melloni et al.，2016）。已有研究发现，管理层确实会出于自利动机，操纵文本信息可读性以隐藏公司的负面消息（Li，2008；王克敏等，2018）。特别地，拟上市公司在 IPO 过程中会积极采取一系列有效措施隐藏或消除一切与公司价值有关的负面信息，这被认为是管理层进行有偏信息披露的机会主义行为（Merkldavies and Brennan，2011）。因此，有理由认为，IPO 公司管理层很可能通过操纵招股说明书文本可读性进行印象管理。本书认为，管理层极有可能通过故意混淆、自利归因和技术解释三个渠道，影响招股说明书文本可读性，进而实现公司信息的策略性披露目标（见图 5 - 1）。

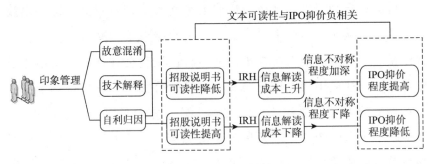

图 5 - 1　逻辑分析框架

第一，从管理层故意混淆的角度看，为满足监管部门强制性信息披露要求及相关会计准则，业绩较差的 IPO 公司管理层可能通过故意使用复杂语言、书写较长篇幅招股说明书来掩盖与公司价值密切相关的信息。Kahneman 和 Tversky（1979）研究发现，由于人类认知中易记性偏差的存在，投资者在信息加工阶段很容易只关注自己能够记住的信息，而轻视或忽略冗长复杂的信息。IPO 公司通过使用并不必要的海量词汇和复杂修辞来降低招股说明书文本信息的可读性，从而增加投资者处理信息的时间和成本，"模糊"公司当前和未来的真实表现，进而减少有效信息含量。同时，现代企业制度中委托 - 代理关系的存在，使得上述管理层机会主义行为更加显著。

第二，从管理层自利归因的角度看，心理学大量研究表明，由于认知偏差的存在，人们总是倾向于把好的结果归功于主观个人能力，而把坏的结果归因于客观外部因素（Miller and Ross，1975）。将该结论延伸至公司信息披露领域中，学者们发现，出于超额薪酬、业界地位等自利动机（Kothari et al.，2009；王克敏等，2018），管理层在公司业绩较好时习惯使用简洁的语言说明自己对市场的准确把握、合理决策、风控得当等，而在公司业绩差时习惯用冗长的篇幅讨论复杂多变的经济环境、不可预知的国际市场情况或者非可控因素的出现。

第三，从管理层技术解释的角度看，上市公司披露信息的"原始"复杂性导致了文本信息可读性下降（Hirshleifer，2001）。新股发行人和承销商想要"诚心诚意"地针对公司复杂业务对外做出适当性披露及合理性解释，例如，技术和经营情况复杂的公司在进行信息披露时所使用的语言就相对复杂，数量也会相对较多，在这种情况下，管理者想要通过增加披露的信息量来缓解与投资者之间的信息不对称关系，然而投资者面对如此厚重的披露文件，很可能选择放弃阅读。

管理层从以上三个角度对招股说明书进行策略性信息披露，均会改变招股说明书的文本可读性，而文本可读性会影响投资者从招股说明书文本中提取信息的数量。根据 Bloomfield（2002）所提出的不完全披露假说（IRH），投资者从公司披露的信息中提取有效价值信息时需要付出一定的时间和精力，这被概括为信息提取成本（Exaction Cost），反映阅读者从已收集的结构化、非结构化数据中提取信息的认知难度，提取成本越高的信息越难以被正确的市场价格所完全反映。因此，管理者会通过操纵招股说明书可读性改变外部投资者对公司披露信息的处理成本，继而影响信息受众对公司的价值评估和预期收益，以期进行有效的印象管理。

不难理解的是，当管理层通过操纵文本信息使得招股说明书可读性变差时，投资者掌握 IPO 公司的信息变少，发行者和投资者双方信息不对称程度会进一步加深，因而投资者在股票上市后要求的信息赔偿变高，IPO 抑价程度也就变高。反之亦然，招股说明书文本可读性较高时，信息不对称程度降低，IPO 抑价程度会下降。基于以上分析，本书提出如下假设 1。

假设1：拟上市公司招股说明书文本可读性与IPO抑价程度负相关。

不同类型的投资者对于同一信息的处理能力和挖掘能力并不相同。相比于个体投资者，经过专业化训练的机构投资者对于信息的收集、处理以及反馈能力更强（丁慧等，2108），信息来源更为广泛，理性投资意识和投资能力也更胜一筹。Rennekamp（2012）指出，对同一信息披露文本可读性的主观感知可能会随着阅读者的知识水平和经验的不同而变化，从而导致异质性投资者对给定披露的反应可能存在差异。例如，对经验丰富的机构投资者来说，金融文本所使用的专业术语使得该文本阅读起来通顺流畅、简洁易懂，同时提供了更多与股票内在价值相关的重要信息。从这一角度看，专业术语的大量使用对于个人投资者来说会使文本可读性降低，而对于机构投资者来说则会使文本可读性提高。现阶段，中国实行IPO询价制，机构投资者作为IPO重要的询价对象，其报价是确定IPO发行价格的主要参考因素，也对二级市场IPO抑价程度产生重要影响。机构投资者更愿意、更有能力阅读招股说明书以挖掘更多有关新股价值判断的信息。已有研究表明，上市公司机构投资者持股比例与信息披露效率成正比（D'Souza et al.，2010）。因而，随着机构投资者持股比例的提高，招股说明书文本中有关新股内在价值的有效信息会进一步被阅读者挖掘，投资者与发行公司双方的信息不对称程度会进一步降低，进而使得IPO抑价水平有所下降。鉴于此，有必要从机构投资者持股比例角度来刻画投资者信息处理能力，以推断招股说明书文本可读性与IPO抑价关系是否会受到异质性投资者影响。因此，本书提出如下假设2。

假设2：相比于机构投资者持股比例较低的新股发行公司，机构投资者持股比例较高的新股发行公司的招股说明书文本可读性对IPO抑价的影响更大。

只有当信息不对称是 IPO 抑价产生的根源时，招股说明书可读性才会通过影响投资者信息获取影响 IPO 抑价。在中国，国有企业与非国有企业 IPO 抑价形成的深层次原因不相同，产权性质是上市公司的重要属性，会显著影响新股 IPO 抑价程度（于富生、王成方，2012）。相比非国有企业，国有企业上市既承担着深化国有企业改革的政治任务，也夹杂着国企高管提高声誉、"美化"政绩等利益诉求。国有企业凭借政府授权（赵岩、孙文琛，2016）、政治关联（田利辉、张伟，2014）等天然优势获取优质资源，但上述优势也扭曲了 IPO 定价效率。国有企业 IPO 抑价的形成，更深层次的原因是国有企业通过新股发行完成政治、经济等政策性任务而非最大限度地在资本市场中筹措资金。同时，国有企业对于投资者而言，也是一种价值信号，会在一定程度上刺激投资者，使其轻视甚至忽视招股说明书的内在信息。因此，招股说明书文本可读性与 IPO 定价效率间的推论关系仅应在非国有企业中适用。

假设3：相比于国有企业，非国有企业的招股说明书文本可读性与 IPO 抑价的负相关关系更加显著。

5.3 招股说明书文本可读性对 IPO 抑价影响的实证检验

5.3.1 研究设计

1. 样本选择与文本预处理

本书仍然选取 2014 年 7 月到 2017 年 12 月全部 A 股 IPO 公司的相关数据以及招股说明书作为初始研究样本。考虑到金融行业的特殊性，剔除金融行业上市公司样本；考虑到招股说明书 PDF 文档的可得性和可转性，剔除无法下载、无法复制、无法自动进行 PDF 文档转换 TXT 加密文本样本；剔除有变量缺失值的样本。经过上述筛选，本书最终获取的样本数量共计 822 个。对上述 822 个上市公司的中文招股说明书进行文本预处理，具体过程见前文 4.3.1 小节。

2. 变量定义

（1）被解释变量

本章节仍以 IPO 抑价率（UP）作为研究中的被解释变量，计算公式如式（5-4）所示：

$$UP_{i,n} = \frac{P_{i,n} - P_{i,0}}{P_{i,0}} \tag{5-4}$$

其中，$P_{i,0}$ 为第 i 只新股的初始发行价格，$P_{i,n}$ 代表第 i 只新股上市后第 n 天第一次非涨停或非跌停当日的收盘价格。

（2）解释变量

一方面，衡量文本信息可读性需要对文本语义复杂性进行测度。受人脑处理信息能力的限制，人类一次性处理的词语或事物仅限于 5~9 个。因而，招股说明书中表达信息的完整句子、每次停顿所含词语越多，投资者越难理解文本所表达的意思和传递的信息，相应地，处理信息的成本显著提高，招股说明书文本可读性降低。招股说明书文本语义复杂性指标的具体设计如下：整句平均含词量（ASW），即一个完整句子所含平均词数，这里以中文分词处理后的词为对象，定义以句号、感叹号、问号为结尾符号的句子即是完整语句；句顿平均含词量（APW），即每次停顿所包含的平均词数，以句号、感叹号、问号、逗号、分号、冒号为停顿标识符进行统计。

另一方面，阅读者对词语的了解程度也是影响理解文本信息的重要因素。根据《上海证券交易所统计年鉴（2019 卷）》，截至 2018

年底，中国 A 股开户总数为 21279.9 万户，其中自然人投资者开户 21213.7 万户，占比高达 99.69%；2018 年自然人投资者持股账户数占比为 99.78%。因此，在以散户为市场交易主体的证券市场中，招股说明书中会计金融术语和不常用低频词语的大量出现，会大幅提高多数散户投资者的阅读难度，导致招股说明书文本可读性降低。正如亚里士多德在《修辞学》中所言："清晰明了是通过使用通用词汇和常用词汇来实现的。"招股说明书文本词义陌生度指标的具体设计如下：专业术语占比（TP），即招股说明书中出现的会计金融专业术语占全文总词数的比例，使用上海外语教育出版社编译出版的《牛津英汉双解会计词典》以及中国金融出版社出版的《最新汉英经济金融常用术语》作为会计金融专业术语词库；低频词语占比（LFWP），即低频词语占招股说明书全文总词数的比重，已有语言学相关研究指出，掌握 3000 个常用词基本可理解语料中 86.7% 的内容（王又民，1994），因此本书以北京语言学院语言教学研究所编著的《现代汉语频率词典》的前 3000 个高频词作为常用词，其余出现的词语皆为低频词语。

　　这里需要说明的是本书所构建的中文金融文本可读性指标与已有研究存在差别。第一，与陈霄等（2018）构建的可读性指标不同，本书仅以单个汉语词语作为最小计量单位，并不对单个汉字进行测度。例如"中华人民共和国"一词，阅读者并不会将其拆分成 7 个字进行理解，也不会因为其字数较多而认为比理解"本票""盘亏"等词语更有难度，因此以词语为单位进行计数更符合中文阅读者的阅读习惯。同时，本书加入会计金融专业术语测度指标，对于度量金融类文本的可读性更具有针对性。第二，与丘心颖等（2016）采用 Yang 提出的可读性公式不同，本书仅以单个指标逐一测度文本可读性，并不用可读性公式将指标进行整合而得到具体数字，以避免系数设定错误而造成测度偏差。此外，本书也不考虑 Yang 提出的笔画因素对于可读性的影响。Yang 以中文繁体字为分析对象，故笔画多少确实是影响文本可读性的重要因素，但现在通用的文字都是简体中文，况且本书分析的是 A 股中文招股说明书，笔画是否以及在多大程度上影响阅读者对于文本的理解程度有待研究。比如"藏"这个字，虽然笔画较多，却是人教版小学一年级生词表中的必识生字。

3. 模型设定

本书建立如下模型对招股说明书文本可读性与 IPO 抑价程度之间的关系进行实证分析，以检验上文提出的假设。

$$UP_i = \beta_0 + \beta_1 Readability_i + \beta_i Control_i + \sum Year_i + \sum Ind_i + \varepsilon_i \qquad (5-5)$$

其中，UP_i 为新股的 IPO 抑价率；$Readability_i$ 为招股说明书文本可读性指标，包括整句（句顿）平均含词量和专业术语（低频词语）占比；$Control_i$ 代表控制变量。在上一章的基础上，本章加入了中介机构因素等更多的控制变量，同时控制年度效应（$Year$）和行业效应（Ind）对结果的影响。各变量的具体说明如表 5 – 5 所示。

表 5 – 5　变量说明

变量类型	变量名称	变量符号	变量定义
因变量	IPO 抑价率	UP	新股上市后第一次非涨停或跌停当日的收盘价格与发行价格之差，除以发行价格
自变量	整句平均含词量	ASW	招股说明书全文词数除以句号、感叹号、问号之和，其数值越大，可读性越低
	句顿平均含词量	APW	招股说明书全文词数除以句号、感叹号、问号、逗号、分号、冒号的总数，其数值越大，可读性越低
	专业术语占比	TP	招股说明书中会计金融专业术语占总词数的比例，其数值越大，可读性越低
	低频词语占比	$LFWP$	招股说明书中低频词语占总词数的比例，其数值越大，可读性越低

续表

变量类型	变量名称	变量符号	变量定义
控制变量	承销商声誉	*Reputation*	该变量为哑变量，主承销商位列前十则被视为高声誉，取值为 1，否则取值为 0
	公司规模	*Size*	IPO 发行前最新公司总资产自然对数
	公司年龄	*Age*	IPO 公司从成立到上市时的整年份
	发行价格	*Offerprice*	以人民币计价的新股发行价格
	中签率	*Lottery*	网上申购中签率
	第一大股东持有比例	*Largesh*	发行公司上市首日前十大股东中排名第一的股东的股票持有比例
	发行市盈率	*PE*	发行价格与每股收益的比率
	内部留存比例	*Insider*	新股发行前公司原有总股数与新股发行后公司总股数之比
	加权净资产收益率	*ROE*	IPO 发行前加权净利润与所有者权益的比率，部分缺失数据由 IPO 发行前最新公司净利润与净资产的比率计算得到
	资产负债率	*Lev*	IPO 发行前最新公司总负债与总资产的比率

5.3.2 实证结果分析

1. 描述性统计

首先，本书对实证研究中所涉及的变量进行描述性统计，统计结果如表 5-6 所示。可以看到，中国证券市场的 IPO 抑价率（*UP*）均值为 340.20%，标准差为 2.5671，可见与发达国家成熟资本市场相比，中国 IPO 市场属于存在高抑价现象的新兴资本市场。招股说明书可读性指标方面，整句平均含词量（*ASW*）以及句顿平均含词量（*APW*）的均值分别为 25.6786 和 6.3033，低频词语占比（*LF-WP*）平均高达 71.92%，标准差为 0.1271，这表明中文招股说明书偏好使用较长句子和陌生词语。

表5-6　描述性统计

变量	样本量	均值	标准差	中位数	最大值	最小值
UP	822	3.4020	2.5671	2.6374	20.9888	0.4699
ASW	822	25.6786	1.7534	25.5499	31.3803	20.3700
APW	822.	6.3033	0.3495	6.2952	7.6698	5.1766
TP	822	0.0581	0.0071	0.0579	0.0817	0.0365
LFWP	822	0.7192	0.1271	0.7546	0.8099	0.4500
Reputation	822	0.4769	0.4998	0.0000	1.0000	0.0000
Size	822	20.5936	0.9194	20.4067	26.1280	18.9310
Age	822	13.4282	5.3004	13.0000	35.0000	1.0000
Offerprice	822	14.0439	8.5954	12.1200	88.6700	1.2600
Lottery	822	0.0017	0.0027	0.0004	0.0180	0.0001
PE	822	27.8321	5.2793	28.6200	70.9700	8.5800
Largesh	822	0.3796	0.1424	0.3692	0.8118	0.0442
Insider	822	0.7670	0.0429	0.7500	0.9200	0.7450
ROE	822	0.1426	0.0959	0.1229	0.7136	-0.0587
Lev	822	0.3975	0.1668	0.3933	0.9820	0.0462

2. 全样本下检验结果及分析

为避免解释变量与控制变量存在多重共线性问题对实证分析的影响，本书计算了各变量的方差膨胀因子（VIF），计算结果均小于10，说明变量之间不存在多重共线性问题。考虑到上述各变量的标准差较大，为消除极端值对本书实证结果的影响，对所有变量进行1%和99%的Winsorize的尾部处理。通过多元回归分析来考察模型中招股说明书文本可读性与IPO抑价之间的关系，回归结果见表5-7。

表5-7　招股说明书可读性与IPO抑价

变量	(1)	(2)	(3)	(4)	(5)
ASW		0.0948 ** (2.4194)			

续表

变量	（1）	（2）	（3）	（4）	（5）
APW			0.3794*		
			(1.8130)		
TP				17.4454*	
				(1.7872)	
LFWP					1.7065***
					(3.6060)
Reputation	0.1596	0.1683	0.1598	0.1512	0.1613
	(1.0803)	(1.1420)	(1.0851)	(1.0319)	(1.0974)
Age	-0.0203	-0.0200	-0.0181	-0.0208	-0.0193
	(-1.5574)	(-1.5483)	(-1.4028)	(-1.5953)	(-1.4971)
Size	-0.8375***	-0.8359***	-0.8214***	-0.8480***	-0.7879***
	(-6.7309)	(-6.7631)	(-6.6147)	(-6.7898)	(-6.4620)
Offerprice	-0.0550***	-0.0539***	-0.0558***	-0.0554***	-0.0508***
	(-5.6397)	(-5.5033)	(-5.7062)	(-5.7209)	(-5.3157)
Lottery	-2.8e+02***	-2.8e+02***	-2.7e+02***	-2.8e+02***	-2.7e+02***
	(-5.2867)	(-5.3230)	(-5.2658)	(-5.2620)	(-5.1548)
PE	-0.0968***	-0.0968***	-0.0971***	-0.0965***	-0.0956***
	(-5.2703)	(-5.2300)	(-5.2827)	(-5.2623)	(-5.2289)
Largesh	-0.8906*	-0.8028	-0.9+396*	-0.8239	-0.9286*
	(-1.6799)	(-1.5240)	(-1.7588)	(-1.5398)	(-1.7707)
Insider	6.5367***	6.5765***	6.5348***	6.7242***	6.1857***
	(2.8480)	(2.8645)	(2.8681)	(2.9267)	(2.7308)
ROE	-4.4375***	-4.5654***	-4.5043***	-4.4014***	-4.3212***
	(-4.6568)	(-4.7529)	(-4.7155)	(-4.6582)	(-4.5568)
Lev	1.1966**	1.1755**	1.1973**	1.2803**	1.2072**
	(2.3207)	(2.2905)	(2.3247)	(2.4664)	(2.3661)
常数项	20.2698***	17.7487***	17.5505***	21.2855***	18.1311***
	(9.9926)	(7.6511)	(6.8103)	(9.8848)	(8.8623)
年度效应	控制	控制	控制	控制	控制
行业效应	控制	控制	控制	控制	控制
样本量	822	822	822	822	822
调整 R²	0.3068	0.3105	0.3088	0.3084	0.3132
F 值	21.86.	21.11	20.34	21.40	20.29

注：括号中为 t 值，***、**、* 分别表示估计参数在 1%、5%、10% 的水平下显著。下表同。

表5-7第（1）列为各控制变量与IPO抑价的回归结果，其中公司规模（*Size*）、发行价格（*Offerprice*）、中签率（*Lottery*）、发行市盈率（*PE*）、第一大股东持有比例（*Largesh*）和加权净资产收益率（*ROE*）与IPO抑价率具有显著的负相关关系；同时，内部留存比例（*Insider*）和资产负债率（*Lev*）与IPO抑价率显著正相关。

表5-7第（2）、（3）、（4）、（5）列分别显示的是各可读性指标对IPO抑价的影响。其中，整句平均含词量（*ASW*）和句顿平均含词量（*APW*）与IPO抑价率显著正相关，回归系数分别为0.0948（t值为2.4194）、0.3794（t值为1.8130）。可见，招股说明书整句平均含词量、句顿平均含词量越多，文本信息的可读性越差，投资者从招股说明书中获得的有价值的信息越少，进而使得新股上市的抑价率显著提高，验证了假设1。专业术语占比（*TP*）的回归系数为17.4454，由此可知，专业术语占比与IPO抑价率存在显著正相关关系，即专业术语占比越高，招股说明书可读性越低，投资者与发行人信息不对称程度进一步加深，IPO抑价程度会相应提高。低频词语占比（*LFWP*）的回归系数在1%的水平下显著为正，这表明招股说明书所用非常用词语对文本可读性具有负向影响，在一定程度上提高了IPO抑价水平。以上结论都进一步支持了假设1。

3. 机构投资者持股比例对招股说明书文本可读性与IPO抑价之间关系的影响

为考察机构投资者持股比例对招股说明书文本可读性与IPO抑价的关系是否具有调节作用，本书利用机构投资者持股比例（*Ins*）作为分组变量，对招股说明书文本可读性与IPO抑价率进行分组回归，回归结果见表5-8。由于新股上市前其机构投资者持股比例数据大多难以获取，借鉴已有研究（王垒等，2018），本书以公司首次发行上市时前十大股东中各类机构投资者持股占比之和作为样本数据。表5-8第（1）～（4）列检验了低机构投资者持股比例组内招股说明书文本可读性对 IPO 抑价的影响，第（5）~（8）列则揭示了高机构投资者持股比例组内招股说明书文本可读性对 IPO 抑价的影响。通过比较两个样本可知，招股说明书文本可读性对 IPO 抑价的影响在高机构投资者持股比例组显著成立，整句平均含词量（ASW）、句顿平均含词量（APW）、专业术语占比（TP）、低频词语占比（$LFWP$）的系数依次是 0.1456、0.3957、−30.8623、2.0538。值得注意的是，专业术语占比（TP）系数为负，说明招股说明书中专业术语占比越高，IPO 抑价程度越低。可见，招股说明书文本可读性对 IPO 抑价的影响效果受到机构投资者持股比例的影响。究其根本，相比于低机构投资者持股比例组的 IPO 公司，高机构投资者持股比例组的 IPO 公司，招股说明书文本中有关新股内在价值的有效信息会进一步被包括机构投资者在内的阅读者挖掘，机构投资者更愿意、更有能力阅读招股说明书，其与发行公司之间的信息不对称程度会受到信息披露文本可读性的影响，假设 2 得以印证。

表 5-8　机构投资者持股比例的影响

变量	低机构投资者持股比例组				高机构投资者持股比例组			
	(1)	(2)	(3)	(4)	(5)	(6)	(7)	(8)
ASW	0.0741 (1.4501)				0.1456 ** (2.3395)			
APW		0.2428 (0.9622)				0.3957 * (1.8130)		
TP			8.3650 * (1.6987)				−30.8623 ** (−2.405)	
$LFWP$				1.1159 * (1.7671)				2.0538 *** (2.8932)
控制变量	控制	控制	控制	控制	控制	控制	控制	控制
样本量	411	411	411	411	411	411	411	411
调整 R^2	0.3271	0.3250	0.3243	0.3271	0.3137	0.3082	0.3124	0.3145

4. 上市公司产权性质对招股说明书文本可读性与IPO抑价之间关系的影响

根据上市公司产权性质，本书将全样本分为国有企业、非国有企业两个子样本，试图进一步分析招股说明书文本可读性与不同产权性质企业IPO抑价的关系，分组回归结果如表5-9所示。研究表明，国有企业样本组中，各可读性指标回归系数均不显著，而在控制诸多IPO抑价率的主要影响因素之后，非国有企业样本组内4个可读性指标均与IPO抑价具有显著相关关系，假设3得以验证。这说明招股说明书文本可读性对IPO抑价的影响仅在非国有企业中显著。

表5-9 产权性质的影响

变量	非国有企业				国有企业			
	(1)	(2)	(3)	(4)	(5)	(6)	(7)	(8)
ASW	0.0858** (2.1165)				0.1311 (0.5915)			
APW		0.4273* (1.8875)				0.9392 (1.3568)		
TP			15.6799* (1.7446)				-35.2563 (-0.8151)	
LFWP				1.7614*** (3.6288)				0.3523 (0.1644)
控制变量	控制	控制	控制	控制	控制	控制	控制	控制
样本量	752	752	752	752	70	70	70	70
调整 R^2	0.3118	0.3116	0.3102	0.3159	0.2715	0.2826	0.2682	0.2620

5.3.3 稳健性检验

为了验证研究结论和变量选取的可靠性，本书进行如下稳健性检验。

1. 改变解释变量

Loughran 和 McDonald（2014）指出，上市公司年报文件的大小可以较好地衡量金融文本可读性水平。因此，本书采用招股说明书的文档大小作为其文本信息可读性的代理变量。招股说明书文档越小，投资者和分析师所需消化、理解的材料信息越少，得到相关价值信息的难度就越低，所以该文本的可读性就越高，可见，文件大小与文本可读性负相关。这里，定义 $Filesize_i$ 为第 i 份招股说明书的文档大小，以 MB 为计量单位。用重新定义的解释变量来估计模型，控制变量保持不变，$Filesize$ 的回归系数为 0.2199，t 值为 2.0931。结果表明，招股说明书文档越大，其文档可读性越低，IPO 抑价程度越高。

2. 改变被解释变量

前文使用新股上市后第一次非涨停或非跌停当日的收盘价格与发行价格之差除以发行价格度量 IPO 抑价率，在稳健性检验中，本书使用如下两种方法进行重新测度。第一，参考魏志华等（2019）的研究，仅考虑新股上市的连续涨停，当涨停结束时，IPO 抑价率表示市场真正消化了新股的相关信息。具体计算公式为：$UP2 = $（新股上市后首个收盘未涨停日的收盘价 – 发行价格）/发行价格。第二，由于新股发行定价确定日与新股上市首日有一定时间间隔，为剔除这一段时间的市场价格因素对 IPO 抑价程度的影响，使用经市场调整后的 IPO 抑价率（$UP3$）作为因变量，具体计算公式为：$UP3 = $IPO 抑价率（$UP$）–（新股上市日市场收盘指数 – 新股发行日市场收盘指数）/新股发行日市场收盘指数。使用新构建的 IPO 抑价指标估计模型，其他变量保持不变，改变 IPO 抑价率的测度方式后，本书主体结论仍然稳健。

3. 内生性检验

Hanley 和 Hoberg（2010）研究发现，IPO 定价效率受到信息披露质量的极大影响，信息披露质量越高的公司，误导性或虚假性信息越少，由此投资者对其新股要求的 IPO 抑价补偿越低。因而本书研究可能因为遗漏重要变量而产生内生性问题。2015 年 12 月 30 日，中国证监会发布了第 32 号公告《公开发行证券的公司信息披露内容与格式准则第 1 号——招股说明书（2015 年修订）》，在原有内容基础上新增了保荐机构先行赔付的承诺，"招股说明书扉页应载有如下声明及承诺：保荐人承诺因其为发行人首次公开发行股票制作、出具的文件有虚假记载、误导性陈述或者重大遗漏，给投资者造成损失的，将先行赔偿投资者损失"。本书预期此次修订会促使保荐机构更加充分地发挥其信息审查职能，招股说明书的信息质量和信息真实性会得以进一步提高。该修订文件的出台，为本书研究提供了天然的政策冲击和实验条件。本书将全样本分为公告前（2014～2015年）和公告后（2016～2017 年）两组，分别考察文本可读性指标与 IPO 抑价程度之间的关系，即可知内生性问题对于已有结论的影响。回归结果如表 5 - 10 所示，在修订公告出台后的 2016～2017 年样本组内，招股说明书文本可读性与 IPO 抑价仍然存在显著相关关系。因此，可以认为在采用政策冲击方法控制可能由遗漏变量引起的内生性问题之后，本书结论仍然稳健。

表 5 - 10　修订公告的影响

变量	2014～2015 年				2016～2017 年			
	(1)	(2)	(3)	(4)	(5)	(6)	(7)	(8)
ASW	0.1185 * (1.1342)				0.2005 *** (2.6231)			
APW		0.5214 * (0.9315)				06122 * (1.8870)		
TP			22.9906 (0.9127)				24.4280 ** (2.4700)	

续表

变量	2014～2015 年				2016～2017 年			
	(1)	(2)	(3)	(4)	(5)	(6)	(7)	(8)
LFWP				1.8180** (2.5688)				2.0698** (2.0123)
控制 变量	控制	控制	控制	控制	控制	控制	控制	控制
样本量	239	239	239	239	583	583	583	583
调整 R^2	0.3056	0.3046	0.3048	0.3131	0.2375	0.2326	0.2359	0.2340

5.4　关于招股说明书文本可读性的进一步讨论

5.4.1　招股说明书文本可读性与上市首日换手率

由于不同投资者对 IPO 公司的市场交易情况和内部信息的了解存在差异，所以即使面对同样的信息集，不同投资者也会对其未来市场表现表达不同的意见。IPO 初期时，这种意见分歧在卖空限制下表现为，市场中乐观投资者远比悲观投资者强势，因而形成了新股抑价现象。上市首日换手率可以简单度量投资者对于新股的异质信念，是反映市场情绪和市场流动性的重要代理变量。接下来，本书以上市首日换手率替代 IPO 抑价率作为实证研究的被解释变量，从投资者意见分歧角度出发，考察招股说明书文本可读性对于上市首日换手率的影响。

由表 5–11 的回归结果可以看到，招股说明书整句平均含词量（ASW）、句顿平均含词量（APW）和低频词语占比（LFWP）的回归系数分别为 0.00001、0.00002、9.22e–06。招股说明书中整句、句顿中的词语量多，使用的低频词语多，既可以理解为 IPO 公司为提供给投资者更多信息增量而使用冗长句式，也可以理解为 IPO 公司对于市场环境和经营状况的信心不足而混淆视听，这两方面就加深了投资者之间的意见分歧程度，使得该新股的交易频率和交易量大幅提高。

表5-11 招股说明书可读性与上市首日换手率

变量	(1)	(2)	(3)	(4)
ASW	0.00001* (1.8605)			
APW		0.00002* (1.8510)		
TP			0.0023 (1.4951)	
LFWP				9.22e-06* (1.7061)
控制变量	控制	控制	控制	控制
样本量	822	822	822	822
调整 R^2	0.6334	0.6322	0.6328	0.6319

5.4.2 招股说明书文本可读性与上市后财务表现

本书已得到可读性较低的招股说明书会显著提高IPO抑价率的结论。那么，晦涩难读的招股说明书是不是业绩较差的IPO公司故意为之？已有研究表明，中国A股IPO公司存在财务"包装"现象（熊艳、杨晶，2017），因此无法根据上市时公司财务业绩表现，找到其与招股说明书文本可读性关联的直接证据。而公司管理层作为公司内部人，依靠信息优势能够更精准地预测公司未来财务业绩（曾庆生等，2018）。当管理层对IPO公司未来业绩有悲观预期时，其可能会使用可理解性较差的复杂词语和冗余文字来"瞒天过海"，隐匿公司真实运营情况。接下来，本部分借鉴姚颐和赵梅（2016）的方法，以上市后一年公司净资产收益率（AROE）为公司未来财务业绩表现的代理变量，进一步考察招股说明书文本可读性与IPO公司上市后业绩表现的关系。

由表 5 - 12 的回归结果可知，*ASW*、*APW* 、*LFWP* 与 *AROE* 均显著负相关，回归系数在 5% 的显著性水平下分别为 - 0. 0249、 - 0. 2782、 - 0. 5163。研究表明，招股说明书文本可读性越低，IPO 公司上市后财务业绩表现越差。可见，虽然短时期内文本可读性较差的招股说明书增加了投资者的信息处理成本，加深了投资者与发行人的信息不对称程度，但是长期来看，市场终会识别出上市公司的真实质量，招股说明书中复杂信息将无法继续发挥迷惑性作用，管理层出于印象管理的信息披露策略逐渐失效。

表 5 - 12　招股说明书可读性与未来业绩表现

变量	(1)	(2)	(3)	(4)
ASW	- 0. 0249 ** (- 2. 2736)			
APW		- 0. 2782 ** (- 2. 3157)		
TP			- 5. 1703 (- 0. 3295)	
LFWP				- 0. 5163 ** (- 2. 0377)
控制变量	控 制	控 制	控 制	控 制
样本量	822	822	822	822
调整 R^2	0. 2678	0. 2682	0. 2678	0. 2680

5.5　本章结论

本章试图从投资者获取拟上市公司发布的招股说明书信息的能力出发，判断投资者能否准确把握上市公司公开披露文本中所承载的信息，并考察招股说明书文本可读性对 IPO 抑价的影响机制。

　　研究发现，招股说明书文本可读性与 IPO 抑价具有显著负相关关系。更具体地说，在高机构投资者持股比例样本组内，招股说明书文本可读性能够有效降低 IPO 抑价程度；从区别产权性质来看，招股说明书可读性与 IPO 抑价的负相关关系仅在非国有企业样本组内成立。同时，招股说明书文本可读性与上市首日换手率负相关，即招股说明书文本可读性越高，投资者意见分歧程度越低；招股说明书文本可读性越低，IPO 公司上市后财务业绩表现越差。本书研究表明，晦涩难懂的招股说明书能使管理者有效达到公司印象管理目标，减少投资者从招股说明书文本中提取信息的数量，从而影响发行人与投资者之间的信息不对称程度，在一定程度上提高 IPO 抑价水平；专业投资者及上市公司产权性质均会影响招股说明书文本可读性对 IPO 抑价的作用机制；虽然短时期内文本可读性较差的招股说明书增加了投资者的信息处理成本，加深了投资者与发行人的信息不对称程度，但是从长期来看，市场终会识别出上市公司的真实质量，招股说明书中的复杂信息将无法继续发挥迷惑性作用，管理层出于印象管理的信息披露策略逐渐失效。从本章研究结论来看，中文招股说明书的文字部分在不同程度上使用冗长句式、晦涩语言等问题，加深了新股交易市场中投资者与发行公司之间的信息不对称程度，最终会导致较高的 IPO 抑价水平。

第6章　招股说明书管理层语调对 IPO 抑价的影响

管理层语调作为文本增量信息对资产价格变动起到至关重要的作用。本章主要考察招股说明书管理层语调对 IPO 抑价的影响，从理论机制分析和实证数据检验两个方面来进行深入考察。第一节，简要概述计算机文本挖掘领域的情感分析方法；第二节，基于投资者非理性理论，对招股说明书管理层语调如何影响 IPO 抑价进行机制分析；第三节和第四节，构建中文招股说明书情感词汇列表，实证分析招股说明书管理层语调对 IPO 抑价的影响，并进行稳健性检验、异质性分析和进一步讨论；第五节，考察招股说明书文本特征对 IPO 抑价的联合效应。

6.1　文本情感分析方法简述

文本情感分析是指，对文本中的观点、情绪等信息做出判断。挖掘文本中的情感具有重要的价值，如对时事的舆情分析，以及挖掘产品评论中的情感以掌握产品各个方面的用户满意度进而设定更新计划。然而，人工分析文本中的情感不仅需要耗费大量的人力物力，准确性也难以保证。因此，利用计算机技术自动对文本进行情感分析成为一个研究热点。目前的情感分析方法主要包括两类：基于机器学习的情感分析方法和基于词袋的情感分析方法。

6.1.1　基于机器学习的情感分析方法

利用机器学习方法对文本情感进行分析，实际上就是预测文本情感具有的倾向性。具体来说，传统的基于主题的文本分类是将文本分类到预先定义好的类别上，而利用机器学习方法分析文本的情感则不对文本内容进行分析，而是按照其内含的情感、态度进行分类。利用机器学习方法分析文本情感的主要思路是：首先，挑选出一些表达积极情感的文本和一些表达消极情感的文本并进行标记，标记的结果为正向（积极）和负向（消极）两类；其次，基于这些数据，利用机器学习方法进行训练得到一个分类器，使用者可以通过这个分类器将文本二分类为积极的和消极的。当然，利用文本情感的分类器也可以得到文本情感相关的概率值，比如，某一个文本属于积极文本的概率是84%，属于消极文本的概率是16%。训练文本情感相关的分类器大致包含以下几个步骤：第一，选取一部分文本进行人工标记，通常标记为积极和消极两类；第二，确定分类的特征，依据特征将所有文本转化为数学向量；第三，若分类特征过多，需要对文本转化的向量进行降维处理，以减少分类时的噪声，进而有效地提高分类的准确性；第四，搭建模型并调整参数，对数据进行训练和测试，稳定后形成文本情感相关的分类器。

除了经典的机器学习算法，一些研究还将深度学习算法引入文本情感分析的工作中，比如 RNN 模型和 LSTM 模型。相比于传统的机器学习算法，深度学习算法最大的优点是可以保留大部分词序信息。

6.1.2　基于词袋的情感分析方法

尽管许多研究利用新兴的机器学习方法对文本情感进行挖掘，但目前使用最为广泛的仍然是基于词袋的情感分析方法。它的核心思想是对于每一个文本，忽略掉其中所包含的语句次序、句法以及语法，仅仅把文本看成众多词语的排列组合，且假定各个词语之间不具备任何关系。简单而言，就是将每个文本都看成装有众多词语的"袋子"。相对于机器学习方法，基于词袋的文本情感分析方法思想简单、容易实现，且其领域容易确定，分析精度高。

基于词袋的文本情感分析方法主要包含三个步骤。首先，需要确定一个与情感表达有关的词典（列表），并为每个词赋予相应的权重。通常而言，权重数值越大表示词越积极。其次，对文本进行分词处理并检测文本中具有的情感词。最后，假设情感值满足线性叠加原理，综合文本中各个情感词的权重进行计算，得到文本的整体权值。基于文本的权值，可以对每个文本的情感进行判断。

本书也是使用基于词袋的方法对文本进行情感分析。尽管现在有许多经典的基于词袋的情感分析方法，但是本书并没有在研究工作中直接使用它们。这是因为这些研究所给出的词典是针对普通文本的，而在招股说明书中有许多可以表达出情感的专有词语并不包含在这些词典中。为了更好地解决本书的问题，本书结合现有词典与领域内特有的情感相关的关键词，建立了一个更加全面的词典。该词典依据所解决的问题而建立，因此，它能够更加准确地挖掘出本书分析的文本情感。

6.2　招股说明书管理层语调对 IPO 抑价的影响机制分析

6.2.1　问题的提出

近年来，随着财务报表和附注等数据类"硬信息"标准化、趋同化，非数据的文本类"软信息"逐渐受到学者们的关注。由于"软信息"在表达方式上具有较大的灵活性，相应地，难以进行事后验证和有效监管，因此更容易被公司管理层所利用（Solomon，2012），进而实现公司策略性信息供给（易志高等，2018）。公司信息披露中的文本类定性"软信息"对于资产价格变动的影响，并不逊色于数据类定量"硬信息"（Brockman and Cicon，2013），有时对于投资者而言，文本信息甚至比财务数据信息的信息含量更为丰富（Demers and Vega，2011）。其中，文本信息中的管理层语调（Management Tone）已成为公司信息披露研究领域中的前沿问题（Loughran and McDonald，2016）。已有文献证明了管理层语调作为文本增量信息对资产价格变动起到至关重要的作用（Brau et al.，2016）。所谓管理层语调，是指管理层在公开进行信息披露时，向外部投资者传递的其对该公司经营现状、未来发展以及盈余预期等事宜乐观或悲观的态度（游家兴、吴静，2012）。

目前，上市公司信息披露中的管理层语调相关研究成果颇为丰富，其中以上市公司年报季报、季度盈余公告、盈余电话会议及业绩新闻发布会等信息披露形式为文本分析对象的居多（Feldman et al.，2010；Loughran and McDonald，2011；Price et al.，2012；Davis and Tama-Sweet，2012；Jegadeesh and Wu，2013；Davis et al.，2015），但仅有 Ferris 等（2013）、Loughran 和 McDonald（2013）考察了招股说明书所含管理层语调与资产定价的内在联系。与外部信息需求者相比，拟上市公司管理层作为信息优势方，掌握了公司经营情况、财务状况、市场竞争力和长远规划等方面的准确信息（Cormier et al.，2010）。一方面，公司信息披露中的管理层语调可能作为增量信息传递质量信号；另一方面，管理层出于超额薪酬、业界地位等自利动机（Kothari et al.，2009），调整信息披露中的正负词汇以期进行语调操纵（Huang et al.，2011；王华杰、王克敏，2018），以

"话外之音"对投资者进行情绪感染。然而，上市公司信息披露文本分析在国内尚处于开创性研究阶段，仅有几位学者研究了中文年报以及业绩说明会中管理层语调的信息含量和被操纵的可能性（谢德仁、林乐，2015；林乐、谢德仁，2016，2017；王华杰、王克敏，2018；曾庆生等，2018），而有关 IPO 阶段管理层语调的研究更是寥寥无几。

作为公司首次上市公开发行股票时对外公开的规范性文件，招股说明书不仅向潜在投资者提供有关发行概况、公司经营、发展定位、财务状况、风险因素等的大量重要信息，也向公众展示公司发展态势及管理者管理能力。Loughran 和 McDonald（2013）基于美国上市公司招股说明书的研究发现，当投资者面临有亏损风险的描述时，会将其负面信号视为风险，并要求对持有资产进行补偿以及更高的投资回报，即管理层负面语调越强，IPO 抑价程度就会越高。但与外国相比，中国作为典型的高语境国家（Hall，1976），受儒家文化影响，人与人之间的信息沟通与情感交流往往借助于共有语境，同时在表达方式上更加隐晦委婉、含蓄间接（林晓光，2009）。同时，考虑到中国新股上市初期"打新"热情高涨，投资者羊群效应更加显著，以投资者理性作为前提假设可能并不适用中国资本市场。本书感兴趣的是，招股说明书作为投资者能够掌握的最为全面的"一手"资料，其内含的管理层语调是否影响投资者的信息认识过程？在 IPO 市场中上市公司信息披露是否存在情绪感染效应？上述问题的答案对于提高中国上市公司信息披露质量具有重要的参考价值。

为此，本书采用新股实际首日收益率衡量 IPO 抑价水平，在 IPO 首日限价政策下真实反映投资者对上市新股的交易热情。本书以 2014～2017 年中文招股说明书为文本挖掘对象，系统考察了管理层语调对 IPO 市场表现的影响。本书可能的创新主要体现在以下几点。第一，以招股说明书文本为独特研究对象，实证检验了管理层语调

对 IPO 市场表现的影响，为定性信息如何影响资产价格提供了中国
资本市场的有效证据。国内已有研究大多考察上市公司年报（陈艺
云，2019；周波等，2019；底璐璐等，2020）和业绩说明会（林乐、
谢德仁，2017；甘丽凝等，2019；钟凯等，2020）中的管理层语调
对资产价格的影响，而本书则从新股上市角度考察了招股说明书文
本中极为重要的语调特征对资产定价效率的影响，拓展了中文金融
文本定性信息的研究边界。第二，本书对管理层语调如何影响投资
者决策展开进一步解读，丰富了管理层语调与资产价格领域的理论
研究。与发达国家成熟资本市场相比，中国证券市场正处于发展阶
段，中小投资者理性投资能力和价值投资理念相对不足，同时新股
供需极不平衡，投资经验不足的投资者很容易受到管理层正面语调
的"激励"。第三，本书研究结论为提高信息披露质量提供了启示。
本书发现，招股说明书净正面语调显著提高了 IPO 抑价率，但从长
期来看，管理层净正面语调与市场长期表现并无显著关联。这要求
投资者在将招股说明书文本信息作为价值判断依据时，不仅要会
"察言观色"，更要"透过现象看本质"，从中挖掘真实价值信息。
同时，监管者也要对招股说明书中夸大、粉饰的不真实正面描述，
给予更多关注和更大惩处，确保信息的有效性和真实性。

6.2.2　管理层语调对 IPO 抑价的影响机制

在 IPO 招股说明书中，管理层有关公司业务战略、行业内竞争
地位以及未来财务预测等内容的描述语调和情感倾向，在一定程度
上为潜在投资者的决策提供了分析基础，并影响着新股上市后的市
场表现（Thng，2019）。管理层是企业发展潜力的最大知情人，因
此，他们在招股说明书中所表达的积极语调可能是公司潜力的真实
反映，在这种情况下，管理层语调可作为预测未来公司业绩的参考
信息。此外，拟上市公司也可能会故意使用正面语调以激发投资者

在二级市场中对新发行股票的交易热情（Huang et al., 2011）。Tan 等（2014）基于实验研究的方法证明，投资者会依据语调做出投资判断，积极的语调会使投资者做出更高的盈余判断。缺乏经验的投资者主要采取启发式信息加工方式，其投资决策更容易受到属性框架效应的影响，因此，管理层以积极方式进行信息描述，会使投资者做出更高的盈余判断。

管理层具有采用正面语调对公司经营业绩和前景展望等定性文本信息进行描述的倾向（Henry, 2008）。Price 等（2012）研究发现，在控制数据类"硬信息"的前提下，季度盈余电话会议管理层语调（软信息）在解释股票超额收益时起到了重要作用。林乐和谢德仁（2016）也发现，业绩说明会中的管理层语调能够显著影响投资者决策，管理层净正面语调越强，股票累计超额回报越高。对于外部投资者而言，招股说明书是他们了解拟上市公司众多信息的成本较低、准确性较高的一手资料。正因如此，管理层很可能有选择性地调整招股说明书文本信息表达方式，特别是使用更加积极正面的词语，以影响投资者对公司价值信息的有限关注。同时，结合认知心理学的研究发现，在无限信息、有限认知的现实条件下，投资者在不完全理性的情况下，很容易根据招股说明书所提供的信息进行决策。在二者共同作用下，管理层语调会悄无声息地影响投资者的主观决策和投资决策，进一步反映在股票价格变动上。

与成熟资本市场不同，中国资本市场属于快速成长的新兴市场，在 IPO "热市"现象和投资者结构上具有典型的"特色"。一方面，中国 IPO 抑价率长期以来只增不减，平均 IPO 抑价率远高于其他国家和地区成熟资本市场的平均水平，这使得投资者往往抱有打新必赢的投机心理。另一方面，根据《上海证券交易所统计年鉴（2019卷）》，截至 2018 年底，中国 A 股开户总数为 21279.9 万户，其中自然人投资者开户 21213.7 万户，占比高达 99.69%；2018 年自然人投资者持股账户数占比为99.78%。现阶段，中国资本市场投资者仍以中小散户为主，理性投资能力和价值投资理念与成熟发达市场相比仍存在不小差距，投资者的信息处理能力和理性投资意识都较为有限（陈炜等，2013）。这两个方面导致语言情绪对于中国不太成熟的投资者进行收益判断的影响较大（Tan et al.，2014），招股说明书的"信息驱动"功能远弱于其"情感驱动"功能。Ljungqvist等（2006）研究发现，不成熟投资者的决策行为更容易被其积极情绪或消极情绪所影响。权小锋等（2015）认为，正面媒体报道会通过煽动投资者的个体乐观情绪使其产生过度积极的预期，进而提高IPO首日收益率。宋顺林和唐斯圆（2016）利用网下机构询价的独特数据，发现投资者情绪与IPO首日回报率显著正相关。王夫乐（2018）研究发现，高管在IPO路演中的积极情绪会诱发投资者的积极情绪，从而引起积极的投资行为，造成IPO价格偏差过大。上述研究进一步证实了，当放松投资者理性假说之后，投资者情绪理论可以解释中国资本市场IPO抑价现象。同时，中国资本市场中新股供给不足、投资者打新狂热和投机热情的事实，更加剧了投资者因管理层对IPO公司的乐观描述而产生的积极情绪。当管理层语调诱发投资者积极情绪后，投资者对IPO新股价格的乐观心理预期和非理性交易热情被进一步助长，更多乐观投资者积极入场交易导致新股交易市场中需求量大增，供不应求的市场失衡使得新股价格在上市初期连续飙升，进而造成了IPO抑价现象。据此，本书提出假设1。

假设1：招股说明书管理层正面语调与新股IPO抑价显著正相关。

公司信息透明度（Information Transparency）是指，外部投资者对公司治理结构、经营发展情况以及财务状况等相关信息的可获取程度，也是影响投资者认知和资本定价效率的重要因素（高敬忠等，2019）。姚颐和赵梅（2016）研究发现，IPO公司在招股说明书中风险披露越充分，信息透明度越高，投资者与上市公司之间的信息不对称程度越低。Hutton 等（2009）发现，公司信息透明度越低，信息披露质量越低，管理层进行盈余操纵和隐藏不利消息的动机越强。当 IPO 公司信息环境比较差时，由于获取公司真实信息难度较大，以招股说明书形式为主的公司信息披露对于投资者来说是更为倚重的信息源，在投资者心理认知和投资决策过程中发挥的作用被进一步放大。在这种情境下，管理层更有空间利用文本语调煽动投资者交易热情，影响其价格预期，从而使得管理层语调对 IPO 抑价的影响更为显著。由此，本书提出假设 2。

假设 2：与信息透明度较高的公司相比，信息透明度较低公司的招股说明书管理层正面语调与 IPO 抑价的正相关关系更加显著。

管理层往往通过调整文本语调和文本信息复杂度来"粉饰"公司真实业绩表现或财务状况进而实现策略性信息披露（Henry，2008），以谋求对公司资本市场表现的有利影响。已有研究认为，上市公司文本可读性会影响投资者对价值信息的获取和判断（Li，2008）。Tan 等（2014）在研究文本语调和可读性二者的联合效应时发现，上市公司盈余公告文本可读性越差，由正面语言产生的框架效应可能较易于阅读对投资者决策产生的影响更大，即信息可读性偏低会放大投资者对语言情感的反应。根据 Bloomfield（2002）所提出的不完全披露假说（IRH），投资者从公司披露的信息中提取有效价值信息时需要付出一定的时间和精力，这被概括为信息提取成本（Exaction Cost），即反映阅读者从已收集的结构化、非结构化数据中提取信息的难度。本书认为，当招股说明书文本可读性较低时，投资者处理信息的难度和提取信息的成本较高，此时投资者走马观花地进行浏览式阅读，更有可能依赖文本信息披露中管理层语调这一启发式线索来做出决策。可读性较差的招股说明书更利于公司隐藏与其文本语调不一致的负面信息，使管理层采用的正面词汇在更大空间下渲染市场非理性情绪，从而使投资者更加积极地参与新股交易。此时，较低的文本可读性加强了管理层语调与 IPO 抑价的正相关关系。而可读性较高的招股说明书降低了投资者处理信息的难度和成本，使投资者更容易全面地获取有关 IPO 公司的关键信息，不太容易受该文本语言情绪的影响。由此，本书提出假设 3。

假设 3：与招股说明书可读性较高的情况相比，招股说明书可读性较低时，管理层正面语调与 IPO 抑价的正相关关系更加显著。

投资者在信息获取能力和信息处理方式上存在显著差异（丁慧等，2018）。严格的有效市场假说认为，投资者完全理性且对于所接收的信息具有同样的处理分析能力。然而，行为金融学放松投资者信息能力同质这一前提假设时，发现不同投资者即使面对同一信息集，也会由于其认知能力、信息处理水平、专业分析能力的不同存在异质性投资行为。心理学研究表明，当面临的信息任务较为复杂且需要大量资源才能完成时，信息处理能力较弱的决策者更倾向于采用启发式处理模式，而信息处理能力较强的决策者采用系统性处理模式的可能性较大（Chaiken，1980）。机构投资者具备解读管理层披露信息所必要的专业知识和分析能力，获取公开信息的渠道更为广泛，因而在阅读招股说明书时更可能采用较为理性的系统性信息处理方式，管理层语调对机构投资者投资决策的影响较弱。此外，机构投资者能识别出企业的盈余操纵行为（Balsam et al.，2002）。据此，本书推测 IPO 公司机构投资者持股比例较低时，投资者对招股说明书管理层语调的依赖较大，管理层语调对 IPO 抑价的正向影响较强。

假设 4：相比于机构投资者持股比例较高的公司，机构投资者持股比例较低公司的招股说明书管理层正面语调与 IPO 抑价的正相关关系更加显著。

6.3　招股说明书管理层语调的短期效应：基于新股上市初期 IPO 抑价视角

6.3.1　研究设计

1. 样本选择和文本预处理

本书仍然选取 2014 年 7 月到 2017 年 12 月全部 A 股 IPO 公司的相关数据以及招股说明书作为初始研究样本。考虑到金融行业的特殊性，剔除金融行业上市公司样本；考虑到招股说明书 PDF 文档的可得性和可转性，剔除无法下载、无法复制、无法自动进行 PDF 文本转换 TXT 加密文本样本；剔除有变量缺失值的样本。经过上述筛选，本书最终获取的样本数量共计 822 个。对上述 822 家上市公司的中文招股说明书进行文本预处理，具体过程见前文 4.3.1 小节。

2. 变量定义和模型设计

（1）IPO 抑价的度量

本章节仍以 IPO 抑价率（UP）作为研究中的被解释变量，计算公式如式（6-1）所示：

$$UP_{i,n} = \frac{P_{i,n} - P_{i,0}}{P_{i,0}} \tag{6-1}$$

其中，$P_{i,0}$ 为第 i 只新股的初始发行价格，$P_{i,n}$ 代表第 i 只新股上市后第 n 天第一次非涨停或非跌停当日的收盘价格。

（2）管理层语调的度量

利用计算机文本分析方法提取金融文本语调时，常用的方法有两种：一种是词袋法，其中词典法是词袋法的一个特例，其应用的关键在于构建包含共同情感属性或观点的词汇列表；另一种是基于不同算法的机器学习方法，包括 N 元文本模型、支持向量机、朴素贝叶斯方法等（Purda and Skillicorn，2015）。虽然将文档转为词语序列这一过程中会丢失一些关联信息，但用词典法来提取文本情感却有如下不可忽视的优点：一是一旦选择了某一情感词典，就在很大程度上避免了研究者的主观性；二是由于计算机程序将词的频率计数制成表格，所以在大样本研究中仍然适用；三是使用通用公开的词典，可以使同一领域问题得以进一步深入研究。与之相比，利用机器学习方法处理文本信息的效率在很大程度上取决于文本长短，机器学习对于短文本训练效果较为理想，但对于招股说明书、年报等长文本（一份招股说明书的 PDF 文档平均有 330 页）来说，有效性难以得到保障。本书在选择文本处理方法衡量信息披露文本管理层语调时，阅读并借鉴了大量相关文献（Loughran and McDonald，2011；Jegadeesh and Wu，2013；周波等，2019；底璐璐等，2020），基本上现有关于年报等上市公司信息披露文本语调的度量都是基于分词后统计正负情感词语的方法。在综合考量下，本书应用词典法以期合理度量招股说明书文本中的管理层语调。

本书创建中文招股说明书情感词汇列表的具体方法如下。以商务印书馆出版的《现代汉语词典》（第 6 版）、上海外语教育出版社编译出版的《牛津英汉双解会计词典》以及中国金融出版社出版的《最新汉英经济金融常用术语》三本词典为初始词库，为克服人工识别判断的主观性，使用语知自然语言理解技术平台所提供的中文语义解释技术对词库内词语进行中文正负情感标识。Loughran 和 McDonald（2011）根据 1994~2008 年美国上市公司年报文件（10-k）编制了符合金融信息语义语境的情感词汇列表（L&M 情感词汇列表），且被广泛应用于金融文本信息的相关研究中，因而 L&M 情感词汇列表在最近的研究中占据了主导地位。所以在上述工作的基础上，本书加入 L&M 情感词汇列表中正面词汇、负面词汇的中文翻译①。根据招股说明书文本分词结果对上述列表进行调整后，得到中文招股说明书情感词汇列表，包括 468 个正面词语和 766 个负面词语。

本书采用以下公式对中文招股说明书中的管理层语调进行测度：

$$POS_i = \frac{\sum word_{pos_i}}{\sum word_i} \qquad (6-2)$$

$$NEG_i = \frac{\sum word_{neg_i}}{\sum word_i} \qquad (6-3)$$

$$Tone_i = POS_i - NEG_i \qquad (6-4)$$

其中，POS_i、NEG_i、$Tone_i$ 分别代表第 i 份招股说明书管理层正面语调、负面语调以及净正面语调；$\sum word_{pos_i}$、$\sum word_{neg_i}$ 分别指第 i 份招股说明书中所有正面词语、负面词语的个数；$\sum word_i$ 是指第 i 份招股说明书经文本预处理后包含的所有词语总和。

（3）模型建立

为了对上文所提假设进行检验，本书构建如下模型：

$$UP_i = \beta_0 + \beta_1 PTone_i + \beta_2 Reputation_i + \beta_3 Size_i + \beta_4 Age_i + \beta_5 ROE_i +$$
$$\beta_6 Turnover_i + \beta_7 PE + \beta_8 Offersiz_i + \beta_9 Offerprice_i +$$
$$\beta_{10} Market_i + \beta_{11} Transparency_i + \beta_{12} Readabiliy_i +$$
$$\beta_{13} Ins + \sum Year_i + \sum Ind_i + \varepsilon_i \qquad (6-5)$$

其中，被解释变量 UP_i 是 IPO 抑价率；解释变量 $PTone_i$ 代表招股说明书管理层语调的 3 个代理变量（POS、NEG、$Tone$）。参考魏志华等（2019）、宋顺林和唐斯圆（2019）的研究，本章选取了包括 IPO 公司特征、发行特征、年度行业等在内的控制变量，部分变量

---

① 使用金山词霸、有道词典和 Google 翻译进行综合交叉翻译，选取尽可能靠近中文表达习惯和信息披露常用词汇的翻译结果。

与前两章的控制变量相同。为控制异方差和序列相关问题，本书对标准误在行业和年度两个层面进行了双重聚类调整。模型中所涉及的变量详细定义见表6-1。

表6-1　变量说明

变量类型	变量名称	变量符号	变量定义
因变量	IPO抑价率	UP	新股上市后第一次非涨停或跌停当日的收盘价格与发行价格之差，除以发行价格
自变量	管理层正面语调	POS	招股说明书中正面词语占其总词数的比例
	管理层负面语调	NEG	招股说明书中负面词语占其总词数的比例
	管理层净正面语调	$Tone$	招股说明书中正面词语与负面词语之差，占全文总词数的比例
控制变量	承销商声誉	$Reputation$	该变量为哑变量，主承销商位列前十则被视为高声誉，取值为1，否则取值为0
	公司规模	$Size$	IPO发行前最新公司总资产自然对数
	公司年龄	Age	IPO公司从成立到上市时的整年份
	加权净资产收益率	ROE	IPO发行前加权净利润与所有者权益的比率，部分缺失数据由IPO发行前最新公司净利润与净资产的比率计算得到
	换手率	$Turnover$	新股上市当天至第一次非涨停或跌停当日的平均日换手率
	发行市盈率	PE	每股发行价格除以每股收益
	发行规模	$Offersize$	IPO公司实际募集金额的自然对数
	发行价格	$Offerprice$	以人民币计价的新股发行价格
	市场热度	$Market$	新股上市前3个月市场累计回报率
	信息透明度	$Transparency$	该变量为哑变量，"十大"会计师事务所审计公司审计为高信息透明度，取值为1，否则取值为0

变量类型	变量名称	变量符号	变量定义
控制变量	文本可读性	*Readability*	招股说明书 PDF 文档大小
	机构投资者持股比例	*Ins*	前十大股东中各类机构投资者持股占比之和

3. 描述性统计

表 6-2 列示了实证分析中所用变量的描述性统计。结果显示，新股上市后 IPO 抑价率均值为 340.20%，可见 IPO 市场上确实存在"高抑价"异象，IPO 抑价率最高可达 2098.88%[①]。管理层净正面语调（*Tone*）的均值和中位数分别为 0.0738 和 0.0728，最大值为 0.2197，最小值为 0.0004，而正面词语和负面词语占比平均分别为 9.91% 和 2.52%，这表明总体来说，中文招股说明书的管理层正面语调明显强于负面语调。

表 6-2　描述性统计

变量	样本量	均值	标准差	中位数	最大值	最小值
UP	822	3.4020	2.5671	2.6374	20.9888	0.4699
Tone	822	0.0738	0.0412	0.0728	0.2197	0.0004
POS	822	0.0991	0.0413	0.0980	0.2455	0.0219
NEG	822	0.0252	0.0035	0.0252	0.0426	0.0102
Reputation	822	0.4769	0.4998	0.0000	1.0000	0.0000
Size	822	20.5936	0.9194	20.4067	26.1280	18.9310
Age	822	13.4282	5.3004	13.0000	35.0000	1.0000
ROE	822	0.1426	0.0959	0.1229	0.7136	-0.0587
Turnover	822	0.0006	0.0007	0.0004	0.0083	0.0001

---

① 暴风集团（300431）发行价格为 7.14 元，新股上市日期为 2015 年 3 月 24 日，在经历连续 29 个涨停板之后，2015 年 5 月 6 日收盘价格（157 元）为其第一个非涨停收盘价格，其实际 IPO 抑价率为 2098.88%。

续表

变量	样本量	均值	标准差	中位数	最大值	最小值
PE	822	27.8321	5.2793	28.6200	70.9700	8.5800
Offersize	822	10.5633	0.7042	10.4613	14.0924	1.9250
Offerprice	822	14.0439	8.5954	12.1200	88.6700	1.2600
Market	822	0.0769	0.1914	0.0597	0.6332	−0.3616
Transparency	822	0.6265	0.4840	1.0000	1.0000	0.0000
Readability	822	2.1733	0.6043	2.0986	3.9683	1.1227
Ins	822	0.2783	0.2658	0.1662	0.5032	0.0000

为了解中文招股说明书中各情感词语出现的频率，本书分别对正面词语及负面词语进行频率统计并对排名前20的高频词语进行整理（见表6-3）。

表6-3　招股说明书中排名前20的高频情感词语

单位：%

正面词语			负面词语		
词语	频率	累计频率	词语	频率	累计频率
提高	7.11	7.11	影响	4.18	4.18
发展	5.53	12.64	未	2.90	7.08
增加	3.45	16.09	下降	2.68	9.76
稳定	3.29	19.38	转让	2.28	12.04
新	3.15	22.53	调整	2.23	14.27
建设	3.06	25.59	导致	2.18	16.45
主要	3.05	28.64	风险	1.94	18.39
实现	3.01	31.65	有限	1.69	20.08
提升	2.72	34.37	损失	1.68	21.76
取得	2.70	37.07	减值	1.56	23.32
上升	2.54	39.61	减少	1.49	24.81
持续	1.73	41.34	处理	1.45	26.26
确定	1.55	42.89	变动	1.33	27.59

正面词语			负面词语		
词语	频率	累计频率	词语	频率	累计频率
条件	1.20	44.09	降低	1.33	28.92
一定	1.20	45.29	问题	1.31	30.23
完成	1.18	46.47	波动	1.30	31.53
保证	1.17	47.64	处置	1.29	32.82
合作	1.15	48.79	差额	1.27	34.09
有效	1.14	49.93	差异	1.25	35.34
达到	1.14	51.07	不能	1.22	36.56

可以看到，各类情感词语在招股说明书中的分布并不均匀。正面词语中，排名前 20 的高频词语出现次数占全部正面词语计数的比例高达 51.07%，这说明中文招股说明书多用"提高""发展""增加""稳定"等词语来向投资者传递公司良好的经营情况和美好的未来前景信息；负面词语中，排名前 20 的高频词语出现次数占全部负面词语计数的比例为 36.56%，这说明中文招股说明书多用"影响""下降"等词语来表达对未来经营情况的不确定以及描述可能存在的风险因素。这意味着：一方面，招股说明书撰写者通常使用较为通用的积极词语来描述正面信息；另一方面，管理层在招股说明书中也避免使用集中、明显的消极词语，以避免投资者对其公司价值给予较多的负面评价。

6.3.2　管理层语调对 IPO 抑价影响的基本实证检验

为检验解释变量与控制变量之间是否存在多重共线性问题，在进行回归之前进行方差膨胀因子（VIF）计算，计算结果表明，各变量的 VIF 值均小于 10，不存在多重共线性问题。为消除极端值对本书实证结果的影响，对所有变量进行了 1% 和 99% 的 Winsorize 的尾部处理，并采用多元回归模型来进行实证检验，以考察招股说明书管理层语调对 IPO 抑价的影响，所得结果如表 6 - 4 所示。

表 6 - 4　管理层语调与 IPO 抑价

变量	（1）	（2）	（3）	（4）	（5）
Tone		4. 8744 ** （2. 2131）			
POS			4. 1284 * （1. 8746）		4. 6308 ** （2. 1147）
NEG				− 81. 1631 （− 0. 5337）	− 84. 2018 （− 0. 6667）
Reputation	0. 1489 （1. 0486）	0. 1491 （0. 9887）	0. 1490 （0. 9885）	0. 1229 （0. 8233）	0. 1231 （0. 8248）
Size	0. 1294 （0. 4422）	0. 1691 （0. 9499）	0. 2153 （1. 2058）	0. 1762 （1. 2349）	0. 2501 （1. 4142）
Age	− 0. 0331 （− 1. 0909）	− 0. 0332 ** （− 2. 3016）	− 0. 0332 ** （− 2. 3074）	− 0. 0327 ** （− 2. 2980）	− 0. 0329 ** （− 2. 3059）
ROE	− 2. 5375 *** （− 2. 8886）	− 2. 4905 *** （− 2. 6627）	− 2. 4370 *** （− 2. 6065）	− 2. 5463 *** （− 2. 7779）	− 2. 4596 *** （− 2. 6588）
Turnover	1172. 1328 ** （3. 4974）	1168. 1408 *** （6. 1332）	1162. 8643 *** （6. 1058）	1141. 9985 *** （6. 0692）	1134. 1340 *** （6. 0151）
PE	0. 0657 * （2. 8672）	0. 0650 *** （3. 9290）	0. 0641 *** （3. 8711）	0. 0609 *** （3. 7393）	0. 0595 *** （3. 6252）
Offersize	− 1. 5179 *** （− 6. 7118）	− 1. 5545 *** （− 6. 2984）	− 1. 5981 *** （− 6. 4541）	− 1. 6122 *** （− 7. 1447）	− 1. 6809 *** （− 6. 8404）
Offerprice	− 0. 0139 （− 1. 3182）	− 0. 0133 （− 1. 0622）	− 0. 0125 （− 1. 0023）	− 0. 0119 （− 0. 9683）	− 0. 0107 （− 0. 8654）
Market	0. 5237 *** （3. 9757）	0. 5897 *** （3. 9783）	0. 6351 *** （3. 9534）	0. 4628 *** （3. 5529）	0. 4234 *** （3. 5178）
Transparency	− 0. 0299 （− 0. 1967）	− 0. 0281 （− 0. 1842）	− 0. 0260 （− 0. 1706）	− 0. 0282 （− 0. 1868）	− 0. 0249 （− 0. 1646）
Readability	0. 1186 （0. 9923）	0. 1156 （0. 8596）	0. 1113 （0. 8280）	0. 0800 （0. 6018）	0. 0740 （0. 5550）
Ins	− 0. 3980 （− 1. 0189）	− 0. 4019 （− 1. 3751）	− 0. 4056 （− 1. 3885）	− 0. 3532 （− 1. 2221）	− 0. 3599 （− 1. 2443）

续表

变量	（1）	（2）	（3）	（4）	（5）
常数项	22.0606 **	21.6578 ***	21.2426 ***	24.2014 ***	23.4866 ***
	（3.3163）	（8.7220）	（8.6391）	（10.6460）	（9.4390）
年度效应	控制	控制	控制	控制	控制
行业效应	控制	控制	控制	控制	控制
样本量	822	822	822	822	822
调整 R^2	0.2728	0.2730	0.2734	0.2892	0.2897

注：采用聚类稳健标准误，括号内数值为纠正了异方差后的 t 统计量；*** 、** 、* 分别表示估计参数在 1% 、5% 、10% 的水平下显著。下表同。

表 6-4 第（1）列给出了在没有加入管理层语调相关变量时各控制变量对 IPO 抑价的影响结果，估计系数较为合理。其中，加权净资产收益率（ROE）、换手率（Turnover）、发行市盈率（PE）、发行规模（Offersize）和市场热度（Market）均与 IPO 抑价率有显著统计关系。具体来说：加权净资产收益率（ROE）越低、发行规模（Offersize）越小，IPO 抑价率越高；换手率（Turnover）、发行市盈率（PE）、市场热度（Market）越高，IPO 抑价率越高，上述相关关系与已有研究结论保持一致（周佰成、周阔，2020）。

表 6-4 第（2）、（3）、（4）列列示的分别是加入 Tone、POS 和 NEG 后，招股说明书管理层语调对 IPO 抑价率的影响。可以看到，Tone 的估计系数显著为正，即招股说明书管理层净正面语调与新股上市初期抑价程度显著正相关。这表明，当管理层在招股说明书中总体上采用更加积极、正面的语调时，投资者积极情绪会被进一步激发，进而其感知的新股成长性较好，预期未来收益较高，在对新股进行投资的过程中也会显得更加积极。因此，供不应求的新股交易市场失衡将使得股价在上市初期连续飙升，进而造成新股抑价现象。该结果支持了假设 1。值得注意的是，将招股说明书的管理层净正面语调分解成管理层正面语调和负面语调后，不同语调会对新股初期市场价格产

生非对称影响。其中，管理层正面语调（*POS*）对 IPO 抑价率（*UP*）的回归系数在10%的显著性水平下为4.1284（t 值为1.8746）；管理层负面语调（*NEG*）的系数为负，但并不显著。这表明，只有招股说明书管理层正面语调对新股抑价程度产生了显著影响，负面语调并没有在投资者决策过程中发挥显著作用。究其原因，中国证券市场属于供给明显短缺、投资者热情高涨且需求旺盛的新兴市场，股票市场投资者很容易因拟上市公司对未来经营业绩的乐观描述而产生积极情绪。新股市场认可度和前景预期越高，相应 IPO 公司上市初期的抑价程度越高。然而，为避免潜在法律诉讼及其他未来消极后果的影响，当新股发行人用一些负面词语来对公司发展进行更加严谨、客观的描述时，投资者对招股说明书中代表不确定性和风险性的负面词语倾向于选择"充耳不闻"。这可能是因为，中国新股市场整体处于打新、投机的高涨情绪氛围（权小锋等，2015），IPO 股价在初期对负面词汇反应不足。这一发现有助于丰富本书对招股说明书管理层语调"情感驱动"功能的认识。特别是，*ROE* 与 IPO 抑价率之间的负向关系，*Tone* 与 IPO 抑价率之间的正向关系，说明招股说明书中的会计数据信息对于投资者而言起到的是信息作用，而文本信息在投资者投资决策中更多发挥的是信号作用。考虑到管理层正面语调（*POS*）与管理层负面语调（*NEG*）可能互为遗漏变量，将二者同时放入回归模型中进行回归，结果仍显示，新股发行市场更多地捕捉了招股说明书中的管理层正面语调（*POS*）。

6.3.3 异质性分析

在检验假设1的基础上，本书感兴趣的是，是否存在调节招股说明书管理层语调与 IPO 抑价之间关系的重要因素。

公司信息透明度（*Transparency*）是信息披露质量研究中的关键影响变量，也是本书研究假设的重要情景变量。曾庆生等（2018）

使用审计年报的会计师事务所的综合排名作为公司信息透明度的代
理变量，认为会计师事务所综合排名越靠前，其独立性越强、审计
水平越高。本书根据中国注册会计师协会对会计师事务所的综合排
名来度量，如果样本公司为"十大"会计师事务所审计公司所审计，
则该变量取值为 1，否则取值为 0。表 6 - 5 的回归结果显示，管理层
净正面语调、正面语调与信息透明度交互项的回归系数均显著为负，
管理层负面语调与信息透明度的交互项系数为正，但不显著。这说
明，信息透明度负向调节招股说明书管理层净正面语调和 IPO 抑价
的正向关系，该结果与假设 2 一致。

表 6 - 5　管理层语调与 IPO 抑价的影响因素：信息透明度

变量	(1)	(2)	(3)
Tone × Transparency	- 1. 5002** (- 2. 2243)		
POS × Transparency		- 1. 8826* (- 1. 7799)	
NEG × Transparency			47. 9514 (0. 4714)
单独项	是	是	是
控制变量	控 制	控 制	控 制
样本量	822	822	822
调整 R^2	0. 1896	0. 1878	0. 1962

已有研究表明，不同 IPO 企业的招股说明书可读性存在显著差异
（周佰成、周阔，2020）。Loughran 和 McDonald（2014）指出，上市公
司年报文件的大小可以较好地衡量金融文本可读性水平。参考其做法，
本书利用招股说明书 PDF 文档大小度量文本可读性（*Readability*），
从信息获取难易的角度来讨论管理层语调对 IPO 抑价率的异质性影
响。表 6 - 6 的回归结果显示，将文本可读性与管理层净正面语调、
正面语调相乘，所得交互项回归系数均显著为正。这表明，当投资

者很难从招股说明书中获取与 IPO 新股相关的价值信息时，其投资者会走马观花地进行浏览式阅读，使得其行为决策受情绪变动的影响较大，从而更有可能依赖文本信息披露中管理层语调这一启发式线索来做出决策。这一结果印证了假设 3。

表 6 − 6　管理层语调与 IPO 抑价的影响因素：文本可读性

变量	（1）	（2）	（3）
$Tone \times Readability$	3.2618 * （1.8791）		
$POS \times Readability$		3.2991 * （1.8043）	
$NEG \times Readability$			− 25.1227 （− 0.6689）
单独项	是	是	是
控制变量	控制	控制	控制
样本量	822	822	822
调整 R^2	0.2774	0.2745	0.2893

　　机构投资者既是拟上市公司披露信息的重要阅读群体，也是新股发行交易市场中的主要参与者（伊志宏等，2019）。由于新股上市前其机构投资者持股比例数据大多难以获取，借鉴已有研究（王垒等，2018），本书以公司首次发行上市时前十大股东中各类机构投资者持股占比之和作为样本数据，以此衡量机构投资者持股比例（Ins）。表 6 − 7 显示，Ins 与管理层净正面语调、正面语调交互，所得系数显著为负，说明理性程度较高、投资经验丰富、信息解读能力较强的机构投资者并不会被招股说明书管理层语调所迷惑，而当机构投资者持股比例较低时，拟上市公司信息披露文本的管理层语调才具有更强烈的短期市场反应，这一发现验证了前文所提出的假设 4。

表 6 - 7　管理层语调与 IPO 抑价的影响因素：机构投资者持股比例

变量	(1)	(2)	(3)
$Tone \times Ins$	-2.3989^{**} (-2.2576)		
$POS \times Ins$		-2.8544^{*} (-1.7928)	
$NEG \times Ins$			23.6558 (0.7445)
单独项	是	是	是
控制变量	控制	控制	控制
样本量	822	822	822
调整 R^2	0.2142	0.2134	0.2281

6.3.4　稳健性检验

1. 采用 TF-IDF 方法度量管理层语调

为了验证研究结论的稳定性和可靠性，本书对解释变量进行重新定义，以完成稳健性测试。在信息检索的背景下，术语加权对检索系统的有效性产生了巨大的影响，因此，本书试图进一步提高识别语调或者情绪的统计测试能力，根据不同词语的重要程度来调整每一个词的权重，信息检索领域中常用且比较有效的方法就是词频 - 逆文档法，也称 TF-IDF 方法。下面，本书应用 TF-IDF 方法代替简单比例权重方法，对不同情感词语进行差异权重赋值，具体公式如下：

$$w_{i,j}^{tf \cdot idf} = \begin{cases} [1 + \log(tf_{i,j})]\log\dfrac{N}{df_j} & \text{如果} tf_{i,j} \geqslant 1 \\ \\ 0 & \text{否则} \end{cases} \quad (6-6)$$

这里，$tf_{i,j}$ 用以描述词频，即第 j 个词在第 i 份文档中出现的次数，N 表示样本包含的所有文档数量，df_j 表示第 j 个词至少出现过一次的文档数量。$log \dfrac{N}{df_j}$ 计算了文档频率的倒数即 idf 值，虽然没有理论上的明确含义，但在文档检索领域中逆文档赋值方式实验效果和应用结果更优。

这里定义 $Score\_pos_i^{tf.idf}$ 为第 i 份文档管理层正面语调分数，公式如下：

$$Score\_pos_i^{tf.idf} = \frac{1}{1 + \log a_i} \sum_{j=1}^{J} w_{i,j}^{tf.idf\_pos} \qquad (6-7)$$

其中，a_i 为第 i 份招股说明书的总词语数量，J 为情感词汇列表里正面词语的总数量，$w_{i,j}^{tf.idf\_pos}$ 为第 i 份招股说明书中第 j 个正面词的 TF-IDF 值，正面语调分数越高，说明该份招股说明书中管理层正面语调越强烈。同理，按照上述方法分别构造管理层负面语调分数 $Score\_neg_i^{tf.idf}$、管理层净正面语调分数 $Score\_tone_i^{tf.idf}$。

用上述重新定义的变量来估计模型，控制变量保持不变，回归结果见表 6-8，主体结论保持不变。

表 6-8　采用 TF-IDF 方法度量管理层语调

变量	(1)	(2)	(3)
Score_tone	2.5991 ** (2.3060)		
Score_pos		3.5069 * (1.8213)	
Score_neg			-40.9730 (-0.9796)
控制变量	控制	控制	控制
样本量	822	822	822
调整 R^2	0.1896	0.1971	0.1833

2. 变更 IPO 抑价率的度量方式

在之前的模型中，本书使用新股上市后第一次非涨停或非跌停当日的收盘价格与发行价格之差除以发行价格衡量 IPO 抑价率。为了确保本书主体结论的稳健性，本书仍采用前文 4.3.3 节的稳健性分析方法，重新计算 IPO 抑价率，UP_{new} = （新股上市后首个收盘未涨停日的收盘价 – 发行价格）/发行价格 – （新股上市后首个收盘未涨停日的市场指数 – 发行日的市场指数）/发行日的市场指数，并将其重新带入公式（6 – 5）进行回归。回归结果如表 6 – 9 所示，在变更 IPO 抑价率的度量方式后，$Tone$、POS 的估计系数均显著为正，说明招股说明书管理层净正面语调和正面语调会提高 IPO 抑价程度，其余控制变量的估计系数与前文结果基本保持一致。

表 6 – 9　变更 IPO 抑价的度量方式

变量	（1）	（2）	（3）
$Tone$	1.0148 * (1.7746)		
POS		1.9097 * (1.7615)	
NEG			– 41.6603 （– 0.4552）
控制变量	控　制	控　制	控　制
样本量	822	822	822
调整 R^2	0.1732	0.1720	0.1849

3. 内生性检验

管理层语调与 IPO 抑价可能存在反向因果关系，IPO 抑价程度较高的公司，往往声誉较好，投资者认可度较高，拟上市公司更有信心用更加积极的语调去描述其应对措施和行业前景。此外，还可能存在同时影响文本语调和 IPO 抑价的不可观测遗漏变量，引起内生性偏差问题。为解决上述可能存在的内生性问题，本书采用两阶段最小二乘法（2SLS）对主体回归结果重新进行实证分析。借鉴曾庆生等（2018）的研究，本书采用基于年度和行业的 IPO 公司的招股说明书管理层语调的均值（Avg_Tone）作为 $Tone$ 的工具变量。一方面，同行业的 IPO 公司所处的行业环境、所面临的市场竞争相似，故 Avg_Tone 与 $Tone$ 具有较强的相关性；另一方面，已有文献尚未发现同行业的招股说明书管理层语调会影响本公司的 IPO 初期市场表现，故工具变量 Avg_Tone 满足外生性要求。表 6-10 的结果显示，DWH 检验拒绝了管理层语调不存在内生性问题的原假设。在第一阶段的回归中，基于年度和行业的 IPO 公司的招股说明书管理层语调的均值（Avg_Tone）与 $Tone$ 有较强的相关性，说明该工具变量满足相关性条件。同时，所选工具变量回归中第一阶段的 F 统计值大于 10，因此，有理由认为所选工具变量并非弱工具变量。在第二阶段的回归中，$Tone$ 与 UP 在控制了内生性问题后，仍然在 5% 的水平下显著正相关，进一步验证了前文所得结论的稳健性。

表 6-10　管理层语调与 IPO 抑价：2SLS

变量	第一阶段 $Tone$	第二阶段 UP
$Tone$		4.6552 ** (2.1094)
Avg_Tone	1.0007 *** (4.7509)	
控制变量	控制	控制
样本量	822	822
调整 R^2	0.2471	0.2253
第一阶段 F 值	18.12	
DWH 检验 χ^2	13.59	
p 值	0.00	

6.4　关于招股说明书管理层语调的进一步讨论

6.4.1　考虑投资者情绪的可能性影响

前文主要发现招股说明书管理层净正面语调提高了 IPO 抑价程度，但需要注意的是，投资者情绪是影响 IPO 抑价的重要因素（汪昌云等，2015）。市场态势是投资者情绪的直接反映，当市场处于牛市上涨期时，投资者积极乐观、情绪高涨，而当市场处于熊市下跌期时，投资者消极悲观、情绪低落，而这两种情绪所产生的不同预期偏差，恰恰是资本市场对各种消息产生不同反应的主要原因（邹萍，2015）。基于此，有必要进一步检验在不同市场态势（投资者情绪）下，管理层语调对 IPO 抑价影响可能存在的异质性。本书样本区间为 2014～2017 年，恰逢中国资本市场的熊牛转换期，此间股票市场经历了下跌—筑底—涨回这一完整的"微笑曲线"周期，这为本书考察投资者情绪是否影响本书主体结论提供了天然实验条件。

本书将全样本分为熊市下跌期（2014～2015 年）和牛市上涨期（2016～2017 年）两组，分别考察招股说明书管理层语调与 IPO 抑价之间的关系。回归结果如表 6 – 11 所示，在熊市样本组中，管理层语调与 IPO 抑价率不存在显著相关关系，这可能是由于在市场行情下行时，投资者的悲观预期降低了市场参与度，进而导致其对招股说明书的关注度和依赖性下降；而在牛市样本组中，$Tone$、POS 与 IPO 抑价率均显著正相关，回归系数分别为 1.1530、3.2998，且至少在 5% 的水平下显著，这表明牛市下投资者对于管理层语调更为敏感，投资者的乐观预期和交易热情会被招股说明书中所释放的利好消息进一步推高，因此，IPO 抑价程度会随着管理层净正面语调的加强而"水涨船高"。

表 6 – 11　管理层语调与 IPO 抑价：熊牛市的影响

变量	熊市下跌期（2014～2015 年）			牛市上涨期（2016～2017 年）		
	（1）	（2）	（3）	（5）	（6）	（7）
Tone	6. 1354			1. 1530***		
	(0. 2292)			(2. 6571)		
POS		4. 7321			3. 2998**	
		(0. 1490)			(2. 2839)	
NEG			– 91. 0056			– 47. 8272
			（– 0. 9120）			（– 0. 7821）
控制变量	控制	控制	控制	控制	控制	控制
样本量	239	239	239	583	583	583
调整 R²	0. 3108	0. 3107	0. 3131	0. 1960	0. 1934	0. 2059

6.4.2　招股说明书管理层语调的中长期效应：基于新股上市后市场表现视角

前文基于 IPO 抑价程度已经证明了招股说明书管理层语调具有短期市场效应，那么管理层语调对于新股市场表现是否具有显著中长期影响呢？接下来，本书检验招股说明书管理层语调与新股上市后中长期市场表现之间的关系，对管理层语调的长期市场效应进行进一步验证。参考已有文献（宋顺林、唐斯圆，2019；魏志华等，2019），本书主要采用累计超额收益率（CAR）来衡量新股上市后的市场表现。具体而言，以首个收盘未涨停日为起点，分别计算公司上市后中期（60 个交易日、120 个交易日）以及长期（240 个交易日、360 个交易日）的 CAR，其计算公式如下：

$$CAR_{i,t} = \sum_{t=1}^{T} (r_{i,t} - r_{m,t}) \tag{6-8}$$

其中，$r_{i,t}$ 和 $r_{m,t}$ 分别为等权平均法下考虑现金红利再投资的日个股收益率及分市场日市场收益率。

回归结果如表 6 – 12 所示，其中（1）～（6）列为中期市场反应的结果，（7）～（12）列为长期市场反应的结果。（1）～（6）列结果显示，POS 的估计系数在 10% 的水平下显著均为正，但 Tone 的回归系数并不显著，这说明，在新股上市后的中期，管理层在招股说明书中所采用的正面词语确实会助长投资者非理性投机行为，但随着投资者的决策行为缓慢趋于冷静，非理性程度有所降低。从整体上看，管理层净正面语调在中期发挥的情绪驱动作用十分有限。而（7）～（12）列结果显示，招股说明书中的管理层语调的各项回归系数均不显著。上述结果进一步揭示了招股说明书中的正面词语对投资者仅有短暂的延迟"刺激"，但是从长期来看，在新股上市后，招股说明书的作用会被后续的真实价值信息所湮没，因此，本书认为招股说明书中的管理层语调是 IPO 新股长期市场表现的弱信号，并不具备持续效应，仅具有短期即时效应。

表 6 – 12　管理层语调与新股上市后市场表现

变量	CAR60			CAR120		
	（1）	（2）	（3）	（4）	（5）	（6）
Tone	1.0179 (1.0115)			0.9028 (0.4134)		
POS		1.4884* (1.9601)			1.2051* (1.8893)	
NEG			−11.9290 (−0.4917)			−14.8611 (−1.3149)
控制变量	控制	控制	控制	控制	控制	控制
样本量	822	822	822	822	822	822
调整 R^2	0.1809	0.1799	0.1670	0.1261	0.1248	0.1136

续表

变量	CAR240			CAR360		
	（7）	（8）	（9）	（10）	（11）	（12）
Tone	1.7843 （0.4464）			1.0149 （0.2007）		
POS		1.0595 （0.9437）			1.0388 （0.5213）	
NEG			13.5804 （0.7846）			11.9290 （0.8917）
控制变量	控制	控制	控制	控制	控制	控制
样本量	822	822	822	822	822	822
调整 R^2	0.2147	0.1843	0.1947	0.1953	0.1849	0.2064

6.4.3 招股说明书管理层语调与业绩变脸

在新股发行时，如果管理层采取机会主义行为隐瞒内部真实信息，并在招股说明书中对公司进行"包装""美化"，那么经过文本"粉饰"的 IPO 公司在上市后业绩变脸的可能性较高。借鉴方军雄（2014）、王木之和李丹（2016）的检验方法，本书采用以下模型检验招股说明书管理层语调对 IPO 公司上市后业绩变脸的影响：

$$Change_i = \beta_0 + \beta_1 PTone_i + \beta_2 Size_i + \beta_3 State_i + \beta_4 Reputation_i +$$

$$\beta_5 Lev_i + \sum Year_i + \sum Ind_i + \varepsilon_i \qquad (6-9)$$

上述模型中的被解释变量 $Change_i$ 为 IPO 业绩变脸，分别用连续变量 DROA（IPO 前一年的加权净资产收益率减去当年的加权净资产收益率）以及虚拟变量 DEAR（如果 IPO 当年的营业收入比 IPO 前一年有所提高，则 $DEAR=1$，否则 $DEAR=0$）来衡量；主要解释变量仍为招股说明书管理层语调（Tone、POS 和 NEG）；Size、State、Reputation 和 Lev 分别用来控制企业 IPO 时的公司规模、产权性质、承销商声誉以及杠杆比率；同时在回归方程中控制年度效应和行业效应。回归结果如表 6 – 13 所示，无论是采用连续变量 *DROA* 还是采用虚拟变量 *DEAR*，*POS* 的估计系数都显著为正，说明在招股说明书文本中管理层使用了较多的正面词语时，IPO 业绩变脸的可能性更大。而 *NEG* 的回归系数为正且不显著，即管理层在招股说明书中所使用的负面词语与 IPO 业绩变脸无明显关联。可能的解释是，在招股说明书文本中使用较多正面词语并不是管理层的无心之作，更可能是其故意而为之，意图利用文本语调进行盈余管理；同时，在有关监管部门的强制要求下，IPO 公司也不得不使用负面词语进行事实描述或风险提示等。因此，文本信息操纵能够成为影响市场估值的手段，佐证了王华杰和王克敏（2018）的研究结论。

表 6 – 13　管理层语调与 IPO 业绩变脸

变量	*DROA*			*DEAR*		
	（1）	（2）	（3）	（4）	（5）	（6）
Tone	0.0867			– 1.1987		
	（0.1903）			（– 0.3620）		
POS		0.1141 *			0.0556 *	
		（1.7773）			（1.8684）	
NEG			0.0157			4.5857
			（0.0173）			（0.9084）
Size	– 0.0022 *	– 0.0026 *	– 0.0025 **	– 0.0081 *	– 0.0084 *	– 0.0092 *
	（– 1.7226）	（– 1.7415）	（– 2.1007）	（– 1.9363）	（– 1.8528）	（– 1.9194）
State	0.0278 ***	0.0276 ***	0.0275 **	0.1220 *	0.1251 *	0.1147 *
	（2.6286）	（2.6306）	（2.5763）	（1.8413）	（1.8942）	（1.7296）
Reputation	0.0055	0.0055	0.0054	0.0239	0.0242	0.0255
	（0.8709）	（0.8759）	（0.8692）	（0.7008）	（0.7095）	（0.7453）
Lev	– 0.0335	– 0.0403	– 0.0123	0.3314	0.0250	0.0328
	（– 0.2967）	（– 0.3396）	（– 0.5260）	（0.4039）	（0.0279）	（0.2701）

续表

变量	DROA			DEAR		
	(1)	(2)	(3)	(4)	(5)	(6)
常数项	0.0432 ***	0.0410 ***	0.0412 *	0.5991 ***	0.6271 ***	0.5153 ***
	(3.3017)	(4.9070)	(1.7415)	(6.5880)	(13.6908)	(3.8801)
年度效应	控制	控制	控制	控制	控制	控制
行业效应	控制	控制	控制	控制	控制	控制
样本量	822	822	822	822	822	822
调整 R^2	0.1531	0.1402	0.1305	0.0664	0.0871	0.0856

6.4.4 招股说明书管理层语调与承销费用

已有研究表明，在新股发行过程中，承销商不仅为具有信息优势的发行人对外传递公司价值信息（Benveniste et al.，2002），同时也为处于信息劣势的投资者提供三方认证功能（Chemmanur and Fulghieri，1994）。承销商的收益主要来自承销费用。一方面，承销商可能出于自利动机，在撰写招股说明书时会采用更加积极的语调进行信息描述，从而抬高发行价格以获取更多的承销费用；另一方面，拟上市公司为了维护公众形象，有可能向承销商支付更高的承销费用，以使其在招股说明书中使用更加积极的语言。因此，本书有理由认为，无论是出于承销商自利还是出于管理者自利，招股说明书的正面语调和承销费用都可能存在正相关关系。由此，本书用以下模型来检验上述猜想：

$$UWF_i = \beta_0 + \beta_1 Tone_i + \beta_2 Offersize_i + \beta_3 Size_i + \beta_4 Age_i +$$
$$\beta_5 Reputation_i + \sum Year_i + \sum Ind_i + \varepsilon_i \qquad (6-10)$$

被解释变量 UWF_i 为第 i 家拟上市公司向承销商支付的承销费用；主要解释变量仍为招股说明书管理层语调（$Tone$、POS 和 NEG）；承销费用的决定因素为承销风险，主要来自发行规模（$Offersize$）、公

司规模（*Size*）、公司年龄（*Age*）、承销商声誉（*Reputation*），不难
理解，募集金额越多、公司规模越小、公司成立时间越短、承销商
声誉越差，募集的风险越高，承销费用也相应越高。从表 6 - 14 可以
看到，招股说明书管理层净正面语调（*Tone*）对承销费用（*UWF*）的
回归系数为 0.4958，在 10% 的水平下显著，说明招股说明书整体的
文本语调越积极，拟上市公司所支付的承销费用越高。同时，管理
层负面语调（*NEG*）对承销费用（*UWF*）的回归系数为 - 1.3486，
在 10% 的水平下显著，意味着支付更高承销费用的拟上市公司在对
外信息传递过程中伴随着更少的负面描述。

表 6 - 14　管理层语调与承销费用

变量	(1)	(2)	(3)	(4)
Tone		0.4958 * (1.7567)		
POS			0.4817 (1.0918)	
NEG				- 1.3486 * (- 1.7159)
Offersize	0.1615 *** (2.9711)	0.1531 *** (2.7461)	0.1531 *** (2.7358)	0.1622 *** (2.9908)
Size	0.0319 (1.1404)	0.0479 (1.3848)	0.0476 (1.3729)	0.0314 (1.1269)
Age	- 0.0005 (- 0.5234)	- 0.0004 (- 0.4815)	- 0.0004 (- 0.4768)	- 0.0005 (- 0.5400)
Reputation	0.0345 *** (3.1188)	0.0339 *** (3.1475)	0.0338 *** (3.1448)	0.0349 *** (3.1345)
常数项	5.1059 *** (40.4674)	4.9008 *** (30.1775)	4.9181 *** (31.1519)	5.0738 *** (39.1555)
年度效应	控制	控制	控制	控制
行业效应	控制	控制	控制	控制
样本量	822	822	822	822
调整 R^2	0.4878	0.4943	0.4939	0.4877

6.5 招股说明书文本特征的综合讨论

前文中，已应用自然语言处理技术，分别从文本相似度、文本可读性以及管理层语调角度考察了招股说明书文本特征对 IPO 抑价的影响。接下来，本部分依次将招股说明书的文本特征放入以 IPO 抑价率为被解释变量的回归模型中，并根据前文结果选取了相关控制变量，包括：公司规模（*Size*）、发行价格（*Offerprice*）、发行规模（*Offersize*）、第一大股东持有比例（*Largesh*）、加权净资产收益率（*ROE*）、资产负债率（*Lev*）、发行市盈率（*PE*）以及市场热度（*Market*）。

表 6 – 15 报告了招股说明书文本特征对 IPO 抑价的联合效应。第（1）～（4）列均加入了控制变量，并考虑了行业层面和年份层面的影响。其中，第（1）列考察招股说明书文本相似度和文本可读性对 IPO 抑价的联合影响，第（2）列考察招股说明书文本相似度和管理层语调对 IPO 抑价的联合影响，第（3）列考察招股说明书文本可读性和管理层语调对 IPO 抑价的联合影响，第（4）列则综合考察本研究中的所有招股说明书文本特征对 IPO 抑价的联合影响。当系统地、综合地考察招股说明书文本特征与 IPO 抑价之间的关系时，发现除了部分文本可读性指标（整句平均含词量、专业术语占比）不显著外，其他文本特征指标均与 IPO 抑价率存在显著关系。

表 6 – 15　招股说明书文本特征对 IPO 抑价的联合效应

变量	(1)	(2)	(3)	(4)
Similarity	0.0988 ***	0.1076 ***		0.0883 ***
	(3.1715)	(3.4255)		(2.8452)

续表

变量	（1）	（2）	（3）	（4）
ASW	0.0385 （0.8238）		0.0498 （1.0686）	0.0366 （0.7849）
APW	0.2117 * （1.8047）		0.3587 * （1.8378）	0.2740 * （1.8699）
TP	7.7207 （0.6438）		14.2011 （1.2210）	4.9810 （0.4142）
LFWP	1.7065 *** （2.6118）		1.6746 ** （2.5599）	1.7012 *** （2.6116）
Tone		38.8397 ** （2.5307）	42.4189 *** （2.7429）	38.6924 ** （2.5038）
Size	− 0.8837 *** （− 4.8948）	− 1.1103 *** （− 8.3114）	− 1.0072 *** （− 7.4190）	− 1.0367 *** （− 7.6475）
Offerprice	− 0.0341 *** （− 2.8945）	− 0.0333 *** （− 2.9098）	− 0.0331 *** （− 2.8670）	− 0.0316 *** （− 2.7427）
Offersize	− 0.7201 （− 1.1955）	− 0.8349 （− 1.4134）	− 0.6467 （− 1.0899）	− 0.8442 （− 1.4191）
Largesh	− 2.5430 *** （− 2.6323）	− 2.2151 ** （− 2.3215）	− 2.4677 ** （− 2.5798）	− 2.3023 ** （− 2.4130）
ROE	− 0.0869 （− 0.1449）	− 10.1990 *** （− 2.6953）	− 10.8127 *** （− 2.8296）	− 10.0210 *** （− 2.6269）
Lev	− 0.0633 *** （− 4.0057）	− 0.0633 *** （− 4.0354）	− 0.0640 *** （− 4.0745）	− 0.0631 *** （− 4.0306）
PE	− 0.0001 （− 0.1327）	− 0.0000 （− 0.0078）	− 0.0002 （− 0.2232）	− 0.0000 （− 0.0436）
Market	0.3001 ** （2.4327）	0.3587 ** （2.4078）	0.3602 ** （2.3232）	0.3911 *** （2.9436）
常数项	17.8985 *** （5.6068）	19.7825 *** （13.7946）	14.2189 *** （5.4315）	15.2686 *** （5.8001）
年度效应	控制	控制	控制	控制
行业效应	控制	控制	控制	控制
样本量	822	822	822	822
调整 R^2	0.2192	0.2108	0.2124	0.2202

6.6　本章结论

本章为研究管理层语调在 IPO 市场中的作用效果提供了中国资本市场的经验数据。针对中文金融文本创建金融情感词汇列表，将管理层语调分为正面语调和负面语调，实证检验了招股说明书中的不同管理层语调与 IPO 抑价的关系。研究发现，招股说明书管理层净正面语调提高了 IPO 抑价程度，管理层所用正面词语越多，IPO抑价程度越高，但管理层所用负面词语对 IPO 抑价没有显著影响；上述结论会受到信息透明度、文本可读性以及机构投资者持股比例的影响。进一步研究发现，管理层语调对 IPO 抑价的影响会受到投资者情绪的影响；招股说明书中的管理层语调是新股长期市场表现的弱信号，并不具备持续效应；当管理层在招股说明书文本中使用了更多的正面词语时，IPO 业绩变脸的可能性更大；支付更高承销费用的拟上市公司在对外信息传递过程中往往伴随着更少的负面描述。同时未来研究可针对不同文本来源的管理层语调展开信息含量研究，也可针对招股说明书不同章节的信息含量做更加细致的检验。

本书结论对于投资者而言具有重要的启示。Loughran 和 McDonald（2013）发现，美国 S－1 文件中的负面语调、不确定语调与 IPO 抑价存在正相关关系，但中国资本市场给出的答案恰恰相反。与发达国家成熟资本市场相比，中国证券市场正处于发展阶段，中小投资者理性投资能力和价值投资理念相对不足。从本书研究结论来看，现阶段中国中小投资者确实易于被信息情绪所感染，理性投资意识和投资能力仍需进一步加强，招股说明书管理层语调对投资者的"情绪感染"作用可能大于"信息传递"作用。投资者应当透过语调现象看信息本质，理性辩证看待拟上市公司披露的信息，在招股说明书中寻找真正的新股价值信息，进而做出较为理性的投资决策。

第7章　招股说明书风险信息披露文本对 IPO 抑价的影响

第 4 章、第 5 章、第 6 章分别从文本相似度、文本可读性和管理层语调维度考察了招股说明书全文文本特征对 IPO 抑价的影响。第 7 章则以招股说明书中极具信息含量的文本——风险因素文本为研究对象，系统考察其文本特征及风险条目在 IPO 市场中的信息功能。第一节分析招股说明书风险因素文本特征对 IPO 抑价的影响机制。在此基础上，第二节对上述影响机制进行实证分析和稳健性检验，第三节就两职合一与公司规模进行异质性分析。第四节应用 L – LDA 技术提取招股说明书的具体风险条目，并就其与 IPO 市场反应的关系进行讨论分析。最后，在第五节中对本部分工作和研究发现进行总结。

7.1　招股说明书风险因素文本特征对 IPO 抑价的影响机制分析

7.1.1　问题的提出

招股说明书中叙述性文本信息，尤其是风险因素信息（Risk Factor Disclosures，RFD）与 IPO 市场表现密切相关（Hanley and Hoberg，2010）。风险因素信息披露文本是招股说明书中极具价值信息含量的部分（Ljungqvist，2007），主要向投资者披露对发行人未来财务业绩及发展前景产生负面影响的关键信息，内容涉及经营业务、行业环境、技术发展、财务状况等诸多方面的风险，是证券监管部门保护投资者权益的重要手段。投资者在评价 IPO 公司时，除关注发行人基本信息外，会特别认真地考虑招股说明书中所描述的各项风险因素（郝项超、苏之翔，2014）。因此，招股说明书的风险因素信息披露在向外部投资者揭示发行人内部掌握的未知风险因素的过程中，改变了内外双方的信息不对称程度，进而影响了新股上市表现。风险信息披露有助于投资者进行投资决策（Solomon et al.，2000），提高资本市场运行效率（Dietrich et al.，2001），其丰富的信息含量在公司风险管理方面具有重要作用（Campbell et al.，2014；Hope et al.，2016）。

对新股发行的信息披露进行有效监管，监督企业如实公开隐藏在"包装"后的真实风险信息，历来是相关监管部门的核心工作。例如，美国 SEC 颁布的风险因素披露准则（S－K 条例中的 Item503），要求发行人"为投资者提供清晰和简洁的风险信息"，包括但不限于财务地位、公司运营经验匮乏等实质性具体信息，同时强调"勿披露适用于其他任何发行人的风险因素"，突出信息的特质性、价值性和有效性，鼓励拟上市公司专注于自我风险识别。中国证监会正在不断加快完善风险信息披露制度的步伐。2003 年，中国证监会在《公开发行证券的公司信息披露内容与格式准则第 1 号——招股说明书（2003 年修订）》中明确指出，发行人应对"对业绩和持续经营产生不利影响的所有因素"进行实际披露，其第三十六条到第五十条详细规定了风险因素的信息披露。2006 年，中国证监会进一步对该准则进行修订，定义风险因素是指"对生产经营状况、财务状况和持续盈利能力产生重大不利影响的所有因素"，并在第二十八条中界定了 7 类风险因素，同时强调发行人所披露的风险因素根据其"自身的实际情况"包括但不限于以上 7 类因素。

与上市公司风险信息披露所提供的信息数量相比，风险信息披露质量及信息特征对资产价格发挥的作用更为明显（Beretta and Bozzolan，2004）。实际上，中文招股说明书风险因素部分所含数据类定量"硬信息"远远低于文字类定性"软信息"（李文莉、王玉婷，2014）。《公开发行证券的公司信息披露内容与格式准则第 1号——招股说明书（2015 年修订）》强调，"发行人应对所披露的风险因素做定量分析，无法进行定量分析的，应有针对性地做出定性描述"，因此非结构化风险披露文本信息值得深入研究。近年来，许多学者采用计算机自然语言处理方法对上市公司风险因素信息披露文本进行实证研究（Hanley and Hoberg，2010；郝项超、苏之翔，2014；Campbell et al.，2014；Hope et al.，2016；Yang et al.，2018；Beatty et al.，2019；Wei et al.，2019）。

风险信息披露文本不仅为数据类"硬信息"提供了解释力更强的有益补充，同时也为研究管理沟通模式以及行为偏差提供了观察窗口（Li，2010），为投资者提供公司所面临风险的详细情况。已有研究认为，风险信息披露文本是识别企业所暴露的风险因素的重要来源（Campbell et al.，2014）。然而截至目前，研究中文招股说明书风险信息披露对 IPO 抑价的影响机制的文献却寥寥无几。仅有郝项超和苏之翔（2014）应用 Hanley 和 Hoberg 提出的文本分析法研究了招股说明书重大风险提示与 IPO 抑价之间的关系；姚颐和赵梅（2016）选取 12 名会计系本科生，以人工阅读方法对 1136 份招股说明书的风险因素按 78 项详细项目逐条进行打分，从信息不对称角度考察中国新股风险披露对 IPO 价格、流动性的影响。实际上，虽然人工阅读的精度是最高的，但即使是在中等规模的语料库中，人工阅读相近的文本仍是困难的，具有处理成本较高、可重复性较差、评判口径无法统一等内外部弱点（Bao and Datta，2014）。在这一场景中，可应用自然语言处理方法，对非结构化的上市公司信息披露文本进行风险因素识别和判断。同时，现有文献对于风险信息如何影响 IPO 抑价并无一致结论。IPO 招股说明书风险因素部分所含的信息，为研究信息披露如何影响资本成本提供了一个独特的环境（Ding，2016）。

鉴于此，本章仍以 2014～2017 年的 822 份 A 股招股说明书和 IPO 数据为研究样本，应用文本分析法，从篇幅长度和文本语调两个维度来刻画中文招股说明书风险披露的文本信息，试图深入考察风险信息披露对 IPO 抑价的影响并揭示其作用机理。同时，在拓展性分析中，本书利用 L－LDA 模型从风险因素文本中抽取了风险条目，旨在为实现自动化风险文本分类工作提供新方法和新思路。

与现有文献相比，本书可能的边际贡献主要体现在以下三个方面。第一，丰富了风险因素与 IPO 抑价的相关文献。近年来，风险信息披露及其对资产定价的影响研究备受关注。本书围绕招股说明书中风险因素与 IPO 抑价之间的关系展开深入研究，拓展了 IPO 抑价成因分析的理论边界，为 IPO 抑价研究提供了崭新视角。第二，从研究方法来看，本书应用文本分析技术来考察招股说明书风险信息。现仅有郝项超和苏之翔（2014）应用文本分析方法提取了中文招股说明书中重大风险提示信息的标准信息和特质信息，本书则从篇幅长度和管理层语调两个角度，系统考察招股说明书中第四节风险因素的文本特征，同时基于有监督的 L－LDA 机器学习模型自动提取了具体风险条目，为考察风险披露多寡与 IPO 抑价的关系创造了可能性。第三，从研究结论来看，在投机氛围较为浓厚的新股市场中，风险信息发挥的更多是"信号"作用而非"信息"作用，投资者"好感"和拟上市公司"声誉效应"会造成新股价格在上市初期连续飙升，这为监管当局审视风险信息披露的作用提供了全新的思考视角。

7.1.2　招股说明书风险因素文本特征对 IPO 抑价的影响机制

资本市场本质而言就是信息市场。与当今信息披露制度最为成熟的美国相比，中国法治监管发展相对缓慢，对于隐瞒、延迟信息披露等行为惩罚力度较小（王雄元、高曦，2018），信息披露问责效力较低，导致 IPO 公司往往存在"多一事不如少一事""报喜不报忧"的投机心理，主动进行风险信息披露的动机不足（姚颐、赵梅，2016）。李文莉和王玉婷（2014）以 Facebook 和东方财富网为例，对比了中美公司招股说明书中的"风险因素"部分。统计发现，Facebook 招股说明书风险因素部分长达 23 页，占全文总页数的 14%，具体风险数目达 50 项。与之相比，东方财富网招股说明书"风险因素"部分仅有 9 页，占全文总页数的 2.8%，具体风险数目为 19项。黄方亮（2015）采用问卷调查的方式统计了投资者阅读招股说明书各部分的偏好状况，结果显示，投资者最为关注的、最能够继续认真阅读的部分依次是"重大事项提示"、"本次发行状况"和"风险因素"，远超过"管理层讨论与分析""财务会计信息"等部分。可见，投资者已将风险因素作为新股价值判断的重要依据。但目前，中国投资者与上市公司之间的信息供给缺口并未得到有效填补（赵立新，2013）。

在 IPO 核准制下，中国新股供给在价格和数量上均受到管控，新股上市后往往连续几日涨停，新股实际首日收益率水平很高，使得新股投资几乎没有"风险"。但在中国资本市场对中小投资者保护极其有限的背景下，投资者总是希望能在投资决策前获取更多的信息，因而对于 IPO 公司具体信息的需求会非常强烈（Zhao et al.，2020）。IPO 公司主动"开诚布公"地进行风险信息披露，表明管理层有能力对公司未来发展中可能出现的不利因素进行充分预测和合理分析。同时，由于上市公司的管理者面临潜在的诉讼风险和声誉成本，其披露普遍被认为是可信的（Lowry and Shu，2002）。通常来说，风险信息披露文本篇幅越长，IPO公司对其风险因素描述越清晰，风险应对措施阐述越明确，管理层越有能力、信心应对市场风险、财务风险等不利情况（王雄元、曾敬，2019），从而会赢得市场参与者的"好感"，进一步提高其市场认可度。在中国IPO供不应求的市场失衡背景下，投资者"好感"和拟上市公司"声誉效应"会造成新股价格在上市初期连续飙升，进而产生IPO抑价现象。因此，风险信息披露越多，管理层的能力和信心越强，投资者信任度越高，IPO抑价水平越高。综上，本书提出假设1a。

假设1a：招股说明书风险信息披露文本规模与IPO抑价程度显著正相关。

然而，从信息不对称角度来看，招股说明书风险因素信息披露增加了一般信息的供给量（Hope et al.，2016），有助于降低发行人与投资者之间的信息不对称程度。现阶段，中文招股说明书"风险因素"部分PDF文档页数通常在5～15页，篇幅平均在8000字左右，且语言逻辑简单，除少量财务术语外，所用词语较其他部分而言，理解难度较低，其文本内容易被投资者转化为价值决策参考信息。

以"庄园牧场"（002910）招股说明书为例，其全文PDF文档共665页。其中，第十一节管理层讨论与分析部分，同样是内部管理层向外部投资者提供价值信息的重要渠道，共计124页。与之相比，第四节风险因素部分，共计9页6258字。关于"产品质量管理风险"的表述如下："如果本公司产品质量发生问题，将会导致公司品牌信誉度下降，公司收入和净利润大幅下滑，并可能面临行政处罚或赔偿等情形，这将对公司造成不利影响。"可见，即便是不具备专业财务知识和丰富投资经验的普通个人投资者，在理解上述文字所传达的风险信息时也没有太高的信息处理"壁垒"。王雄元和高曦

（2018）在研究中指出，篇幅较长的年报风险信息披露可以提供更为丰富的信息，从而降低公司权益资本成本。

因此，本书认为，招股说明书中的风险信息披露文本规模越大，发行人与投资者之间的信息不对称程度越低，投资者通过风险信息披露文本掌握的决策信息越多，由信息不对称所导致的 IPO 抑价程度就会越低，反之亦然。基于此，本书提出如下对立假设。

假设 1b：招股说明书风险信息披露文本规模与 IPO 抑价程度显著负相关。

风险信息披露文本中包含拟上市公司未来的商业计划以及可能出现的潜在问题等大量无形信息。招股说明书风险因素部分对会计、行业内竞争地位、市场环境和未来财务预测的披露程度最高，也是管理层净正面语调对投资者评估公司价值产生重大驱动作用的文本部分（Hanley and Hoberg，2010）。管理层作为公司内部人，很可能存在对特质信息的操纵行为（赵璨等，2020）。特别地，出于超额薪酬、业界地位、职位晋升等自利动机（Jebran et al.，2019），管理层在 IPO过程中会积极采取一系列有效措施隐藏或消除一切与公司价值有关的负面消息以刻画"完美"的公司形象，即通过策略性信息披露避免负面信息对其自身利益的损害，这被认为是管理层进行有偏信息披露的机会主义行为（Merkldavies and Brennan，2011）。风险信息，本质上对于公司价值而言是一种负面信息，因此，管理层很有可能对其进行策略性披露，尽可能修正其负面语调，形成较为乐观的正面信息，以影响投资者的阅读感知，从而实现印象管理。

风险信息披露文本中正面词语（向好、有利、加快等）所占比例越高，负面词语（损失、失败、终止、不利等）所占比例越低，管理层净正面语调越强。虽然理论研究表明，负面或悲观的信息披露会增加资本成本，但这些经验证据主要来自美国等发达市场（Loughran and McDonald，2013）。然而，也有学者得到了与上述结论相反的结果，如 Ding（2016）以澳大利亚 IPO 市场为观察对象，发现通过 L&M 词典构建的风险信息披露文本负面语调越强，IPO 抑价程度越低。中国资本市场投资者仍以中小散户为主，理性投资能力和价值投资理念与成熟发达市场相比仍存在不小差距，风险信息披露会发挥其"情感驱动"功能。一方面，夸大的正面语调会通过煽动投资者的个体乐观情绪，使其产生过度积极的预期（权小锋等，2015）；另一方面，被"隐藏"的负面语调并不会引发投资者进行深入挖掘。根据属性框架效应理论，投资者会依据语调做出投资决策（Tan et al.，2014），积极的语调会导致投资者做出更高的盈余判断，进一步推动 IPO 抑价水平提升。

假设 2：招股说明书风险信息披露文本语调越积极，IPO 抑价程度越高。

7.2 招股说明书风险信息披露文本特征对 IPO 抑价影响的实证检验

7.2.1 研究设计

1. 样本选择和数据处理

本章仍以 2014～2017 年在 A 股上市的 822 家 IPO 公司作为研究对象。招股说明书风险因素文本来自巨潮资讯网，IPO 公司上市前数据、上市表现及其他财务数据来自 RESSET 数据库。对上述 822 家上市公司的中文招股说明书进行文本预处理，具体过程见前文 4.3.1 小节。

2. 变量定义

（1）被解释变量

本章节仍以 IPO 抑价率（UP）作为研究中的被解释变量，计算公式如式（7-1）所示：

$$UP_{i,n} = \frac{P_{i,n} - P_{i,0}}{P_{i,0}} \tag{7-1}$$

其中，$P_{i,0}$ 为第 i 只新股的初始发行价格，$P_{i,n}$ 代表第 i 只新股上市后第 n 天第一次非涨停或非跌停当日的收盘价格。

（2）解释变量

本书从文本规模（Scale）和文本语调（Tone）两个维度来刻画招股说明书风险信息披露的文本特征。

1）文本规模（Scale）

本书认为，风险信息披露文本规模与该部分文本长度呈正比，以此构建如下公式：

$$Scale = \frac{number(r_{text})}{1000} \tag{7-2}$$

其中，Scale 为风险信息披露文本规模度量指标；$number$（r_{text}）为风险因素文本分词后所含中文词语数量。

2）文本语调（Tone）

捕捉招股说明书风险信息披露文本语调，需要构造适合上市公司的风险信息披露情感词汇列表。本书仍沿用 6.3.1 小节中创建的词汇列表，即中文招股说明书情感词汇列表，包括 468 个正面词语，766 个负面词语。

本书采用式（7-3）对风险信息披露文本语调进行测度：

$$Tone = \frac{positive - negative}{positive + negative} \tag{7-3}$$

其中，Tone 为风险信息披露文本语调度量指标；$positive$ 为风险因素文本分词后所含正面词语数量；$negative$ 为风险因素文本分词后所含负面词语数量。

3. 模型构建

为考察风险信息披露文本特征与 IPO 抑价之间的关系，本书构建如下模型：

$$UP_i = \beta_0 + \beta_1 Text_i + \sum \gamma_i X_i + \varepsilon_i \qquad (7-4)$$

其中，UP_i 表示 IPO 抑价率；$Text_i$ 表示招股说明书风险因素文本特征，包括文本规模（$Scale$）和文本语调（$Tone$），回归时依次放入模型中，其回归系数的显著性和方向可以反映出风险信息披露文本特征对于 IPO 定价效率的影响；X_i 表示所有控制变量的集合，主要包括承销商因素、IPO 公司特征以及发行特征三个方面的控制变量。模型中所涉及的变量详细定义见表 7-1。

表 7-1　变量说明

变量类型	变量名称	变量符号	变量定义
被解释变量	IPO 抑价率	UP	新股上市后第一次非涨停或跌停当日的收盘价格与发行价格之差，除以发行价格
解释变量	文本规模	$Scale$	风险因素文本中词语总量除以 1000
	文本语调	$Tone$	风险因素文本中正面词语数与负面词语数之差除以正面词语数与负面词语数之和
控制变量	承销商声誉	$Reputation$	该变量为哑变量，主承销商位列前十则被视为高声誉，取值为 1，否则取值为 0
	公司规模	$Size$	IPO 发行前最新公司总资产自然对数
	公司年龄	Age	IPO 公司从成立到上市时的整年份
	加权净资产收益率	ROE	IPO 发行前加权净利润与所有者权益的比率，部分缺失数据由 IPO 发行前最新公司净利润与净资产的比率计算得到
	第一大股东持有比例	$Largesh$	发行公司上市首日前十大股东中排名第一的股东的股票持有比例
	发行规模	$Offersize$	IPO 公司实际募集金额的自然对数
	发行价格	$Offerprice$	以人民币计价的新股发行价格
	中签率	$Lottery$	网上申购中签率

变量类型	变量名称	变量符号	变量定义
控制变量	资产负债率	*Lev*	IPO 发行前最新公司总负债与总资产的比率

7.2.2 实证结果分析

1. 描述性统计

表 7-2 报告了本书变量的描述性统计。样本期内，中国 IPO 市场真实抑价率均值为 3.4020，与宋顺林和唐斯圆（2019）的研究较为接近，体现了近年来新股市场中存在较为高涨的"打新"热情。文本规模（*Scale*）的均值为 3.1977，即中文招股说明书风险因素部分的文本规模平均为 3198 个中文词语，与国外成熟资本市场相比，风险因素披露信息相对较少，文本规模相对较低，与李文莉和王玉婷（2014）的研究保持一致。文本语调（*Tone*）的均值为 0.0081，这表明多数 IPO 公司在招股说明书中更倾向使用正面词语来披露风险信息。其余控制变量的描述性统计与已有文献基本保持一致，处在合理区间内。

表 7-3 是本书变量的相关系数表。其中，招股说明书风险信息披露部分的文本规模（*Scale*）与 IPO 抑价率（*UP*）在 5% 的水平下显著正相关，即招股说明书风险信息披露越多，IPO 抑价程度越高。同时，招股说明书风险信息披露部分的文本语调（*Tone*）与 IPO 抑价率（*UP*）也同样存在正相关关系，说明拟上市公司在招股说明书风险因素部分使用的词语越正面，IPO 在上市初期回报率越高。其他控制变量与 IPO 抑价率（*UP*）的相关性与预期相符合。

2. 基准回归

表 7-4 考察了招股说明书风险信息披露文本特征如何影响 IPO 抑价水平。第（1）列、第（2）列分别为单变量、加入控制变量时，文本规模对 IPO 抑价率的回归结果。可以看到，文本规模（*Scale*）

表 7 - 2　描述性统计

变量	样本量	均值	标准差	最小值	25分位数	中位数	75分位数	最大值
UP	822	3.4020	2.5671	0.4699	1.7458	2.6374	4.1567	20.9888
Scale	822	3.1977	1.2061	1.1120	2.3770	2.9305	3.6750	9.9940
Tone	822	0.0081	0.0109	-0.0257	0.0008	0.0079	0.0151	0.0443
Reputation	822	0.4769	0.4998	0	0	0	1	1
Size	822	20.5936	0.9194	18.9310	19.9636	20.4067	21.0590	26.1281
Age	822	13.4282	5.3004	1	10	13	17	35
ROE	822	0.1426	0.0959	-0.0587	0.0763	0.1229	0.1928	0.7136
Largesh	822	0.3796	0.1424	0.0442	0.2827	0.3692	0.4709	0.8118
Offersize	822	10.5633	0.7042	1.9250	10.1288	10.4613	10.9354	14.0924
Offerprice	822	14.0439	8.5954	1.2600	8.5700	12.1200	17.3000	88.6700
Lottery	822	0.0017	0.0027	0.0001	0.0003	0.0004	0.0026	0.0180
Lev	822	0.3975	0.1668	0.0462	0.2753	0.3933	0.5177	0.9820

表 7 - 3　相关系数

变量	UP	Scale	Tone	Reputation	Size	Age	ROE	Largesh	Offersize	Offerprice	Lottery	Lev
UP	1											
Scale	0.060**	1										
Tone	0.061*	0.046	1									
Reputation	-0.039	0.043	-0.057	1								
Size	-0.225***	0.250***	-0.097***	0.178***	1							
Age	-0.065*	-0.061*	-0.034	0.001	-0.052	1						
ROE	-0.193***	-0.052	0.005	0.042	-0.023	-0.016	1					
Largesh	-0.079**	0.086**	-0.093***	0.005	0.284***	-0.021	-0.002	1				
Offersize	-0.390***	0.134***	-0.023	0.143***	0.610***	-0.040	0.242***	0.195***	1			
Offerprice	-0.281***	-0.037	0.026	0.018	0.001	0.007	0.426***	-0.098***	0.417***	1		
Lottery	-0.158***	-0.011	-0.056	0.036	-0.024	0.070**	-0.148***	-0.050	0.110***	0.087**	1	
Lev	-0.068*	0.094***	-0.009	0.039	0.207***	-0.138***	0.030	0.109***	0.175***	0.011	0.072**	1

注：***、**、* 分别表示参数在 1%、5%、10% 的水平下显著。

的回归系数均显著为正，分别为 0.1281（t 值为 1.7260）和 0.2290
（t 值为 3.2879），表明招股说明书风险信息披露显著提高了 IPO 抑
价水平。拟上市公司在招股说明书中提供给投资者的风险信息越多，
表明公司越敢于将目前存在以及未来潜在的风险因素公之于众，其
较高的风险认知能力和"未雨绸缪"的风险应对措施有助于获得投
资者的好感和认可，进一步提振其投资热情。而投资者热情越高涨，
新股市场的供求失衡越严重，外在表现即为较高水平的 IPO 抑价，
因此，假设 1a 得到了证实。同时，第（3）列将文本语调置于模型
中作为解释变量对 IPO 抑价率进行回归，第（4）列为在此基础上加
入控制变量后的回归结果。结果显示，文本语调（Tone）的回归系
数在 10% 的置信水平下均显著为正，即招股说明书风险信息披露部
分较为积极的文本语调可以显著提高 IPO 真实首日收益率。上述发
现进一步印证了信息趋同观（Elmy et al.，1998），其认为上市公司
风险信息披露文本可视为同质性较强的一般信息而非特殊信息，从
供给端增加了投资者可获取的信息量，提升了信息质量。根据属性
框架效应理论，投资者会依据语调做出投资决策。当管理层在风险
信息披露文本中使用的正面词语较多时，积极的文本语调会增强投
资者对 IPO 公司风险处置措施和抗风险能力的信心，进而做出更高
的盈余判断，造成 IPO 抑价现象，这与 Ding（2016）的研究结果保
持一致。综上，假设 2 得到了实证支持。上述发现进一步加深了对
招股说明书风险信息"情感驱动"功能的认知。

表 7 – 4　风险信息披露文本特征与 IPO 抑价

变量	（1）	（2）	（3）	（4）
Scale	0.1281 * （1.7260）	0.2290 *** （3.2879）		
Tone			1.5114 * （1.7619）	1.2448 * （1.8071）

续表

变量	（1）	（2）	（3）	（4）
Reputation		0.0821 （0.4963）		0.0956 （0.5745）
Size		－0.1707 （－1.1400）		－0.0924 （－0.6186）
Age		－0.0369 ** （－2.3868）		－0.0383 ** （－2.4655）
ROE		－1.7052 * （－1.7985）		－1.8133 * （－1.9042）
Largesh		－0.4630 （－0.7682）		－0.3636 （－0.5986）
Offersize		－1.0583 *** （－5.8942）		－1.0684 *** （－5.9150）
Offerprice		－0.0397 *** （－3.3583）		－0.0402 *** （－3.3826）
Lottery		－16.6072 （－0.5244）		－12.9612 （－0.4075）
Lev		－0.3045 （－0.5019）		－0.2371 （－0.3889）
常数项	2.9925 *** （11.8027）	18.9470 *** （8.7447）	3.2815 *** （29.1494）	18.0382 *** （8.2784）
N	822	822	822	822
R^2	0.1036	0.1919	0.0938	0.1837

注：括号中为 t 值，***、**、* 分别表示估计参数在 1%、5%、10% 的水平下显著。下表同。

7.2.3　稳健性检验

1. 改变主要变量度量方法

为避免指标度量偶然性等因素的影响，本书采用其他方法重新测度解释变量，以使研究结果更具有稳健性。首先，借鉴 Liu 等（2018）的研究，构建如下公式重新测度被解释变量文本规模（*Scale*）：

$$Scale = \frac{1}{1 + e^{-\frac{number(r_i)}{10000}}} \qquad (7-5)$$

同时，本书采用总词数中正面词语与负面词语占比之差来重新对招股说明书风险信息披露文本语调（Tone）进行度量，公式如下：

$$Tone = \frac{positive - negative}{number(r_{text})} \qquad (7-6)$$

本书将上述变量放入模型中重新进行实证检验，进一步提高本书结论的可信度。回归结果见表7-5，结果显示，在对上述解释变量重新进行度量后，招股说明书风险信息披露文本规模（Scale）和文本语调（Tone）均与IPO抑价率存在显著正相关关系，证明了前文基准回归结果的稳健性。

表7-5　稳健性检验：改变解释变量度量方式

变量	(1)	(2)	(3)	(4)
Scale	5.2789 * (1.6994)	9.4867 *** (3.2529)		
Tone			10.9690 * (1.7348)	9.5471 * (1.7795)
控制变量	不控制	控制	不控制	控制
常数项	2.9925 *** (2.9215)	20.4524 *** (6.0748)	3.2844 *** (29.6379)	19.6065 *** (8.7209)
N	822	822	822	822
R²	0.2035	0.1917	0.2022	0.1828

2. 控制行业和年份的结果

为了消除行业和年份可能对本书研究结论产生的影响，本书在控制了上述影响后重新检验了招股说明书风险信息披露文本特征与IPO抑价的关系，实证结果见表7-6。结果显示，即便控制了IPO公司所属行业和上市年份，文本规模（Scale）和文本语调（Tone）也均提高了新股真实抑价率，上文结论依旧稳健。

表 7 - 6　稳健性检验：控制行业和上市年份

变量	（1）	（2）	（3）	（4）
Scale	0.1396 * （1.9360）	0.2022 *** （3.0749）		
Tone			0.2402 * （1.8216）	0.1995 * （1.8831）
控制变量	不控制	控制	不控制	控制
年份效应	控制	控制	控制	控制
行业效应	控制	控制	控制	控制
常数项	0.5038 * （1.8455）	12.7386 *** （5.0405）	0.1141 * （1.9360）	12.6763 *** （4.9834）
N	822	822	822	822
R^2	0.1498	0.3434	0.1459	0.3354

3. 内生性问题

风险信息披露文本特征与 IPO 抑价率可能存在反向因果关系，IPO 抑价率较高的公司，往往声誉较好，投资者认可度较高，拟上市公司更有信心在招股说明书中描述行业竞争、行业政策变化等风险信息，并用更加积极的语调描述其应对措施和行业前景。此外，还可能存在同时影响风险信息披露文本特征与 IPO 抑价率的不可观测遗漏变量，引起内生性偏差。为了克服上述可能存在的问题，本书分别使用同一行业 IPO 公司招股说明书风险信息披露文本规模均值（Ave_Scale）和文本语调均值（Ave_Tone）作为工具变量，进行两阶段最小二乘估计（2SLS）。招股说明书风险因素文本是根据每家上市公司具体情况个性化书写，属于同一行业的拟上市公司往往业务种类较为相似，面临的行业风险和竞争环境较为接近，导致其文本规模和文本语调会有所关联，但行业文本特征均值又不会直接影响单个企业的 IPO 抑价水平，所以上述工具变量同时满足相关性和外生性的前提条件。回归结果如表 7 - 7 所示。第 （1）、（3）列为工具变量第一阶段的回归结果，其与各自的解释变量在 1% 的水平下显著正相关，同时，F 统计量均大于 10，因此本书有理由认为所选工具变量并非弱工具变量。第（2）、（4）列分别为文本规模和文本语调回归的第二阶段结果，可以看到 Scale（IV1）和 Tone（IV2）的回归系数均显著为正。这表明，在考虑可能存在的内生性问题之后，招股说明书风险信息披露文本特征仍然是影响 IPO 抑价的重要因素，即前文基准回归结论保持稳健。

表 7 – 7　稳健性检验：工具变量估计

变量	（1） Scale（IV1）	（2） UP	（3） Tone（IV2）	（4） UP
IV1：Ave_Scale	0.7599 *** (5.7439)			
IV2：Ave_Tone			0.9496 *** (6.6754)	
Scale（IV1）		0.3161 ** (2.0207)		
Tone（IV2）				11.6475 *** (3.0932)
控制变量	控　制	控　制	控　制	控　制
常数项	– 2.8595 ** (– 2.5594)	20.6530 *** (8.7606)	0.1614 * (1.7073)	16.3025 *** (5.9846)
N	822	822	822	822
R²	0.1074	0.2103	0.0772	0.1221
F	18.10		15.63	

7.3　招股说明书风险信息披露文本特征对 IPO 抑价影响的异质性分析

7.3.1　两职合一的影响

公司治理水平是上市公司信息披露质量的重要影响因素，完善的公司内部治理机制对于提高信息披露质量具有直接的重要作用。董事长是否兼任总经理（是否两职合一）可以代表公司治理水平的高低，已有研究发现，两职合一会使得董事会独立性大幅度减弱，损害公司内部治理能力和股东"外部人"的监督效力（Krause et al.，2015），难以对奉行利己主义的管理层产生信息披露强制约束。例如，Gul 和 Leung（2004）以香港资本市场为样本，基于代理理论，研究了董事会治理与公司信息披露决策的关系，结果发现，董事长兼任 CEO 降低了公司信息披露的质量和意愿。

为了考察风险信息披露文本特征与 IPO 抑价之间的关系是否受到公司治理结构的影响，本书按照董事长是否兼任总经理对样本进行分组回归，回归结果见表 7 - 8。其中，第（1）列与第（3）列以风险信息披露文本规模为解释变量，其回归结果与主体回归结果保持一致，进一步印证了假设 1a。第（2）列与第（4）列的回归结果显示，风险信息披露文本语调与 IPO 抑价的正向关系在两职合一组内并不成立，相比之下，在公司治理结构比较完善时，投资者才认为风险信息披露文本的信息真实可靠，才会选择相信招股说明书文本中风险信息披露文本语调所传递的信号。

表 7 - 8　两职合一异质性分析

变量	非两职合一		两职合一	
	（1）	（2）	（3）	（4）
Scale	0. 1918 ** （2. 2035）		0. 3046 *** （2. 6247）	
Tone		1. 7957 * （1. 8732）		- 0. 6915 （- 0. 4967）
控制变量	控制	控制	控制	控制
N	562	562	260	260
R^2	0. 2900	0. 2711	0. 1820	0. 1800

7.3.2 公司规模的影响

招股说明书风险信息披露文本特征对不同规模公司 IPO 抑价的影响可能存在差异。公司规模与信息披露质量之间存在正相关关系（Kasznik and Lev，1995）。一方面，相比于规模较小的公司，规模较大的公司股权结构复杂，外部股东对内部信息的披露需求更为强烈，进而使得其信息披露质量得以提高（Ahmed and Courtis，1999）；另一方面，及时地披露更多的风险信息，可以降低公司在诉讼中的和解成本。同时，公司具有较大规模的时候，投资者对其声誉的认可度往往较高，声誉效应也使得大公司倾向于提高其信息披露质量。招股说明书风险信息披露文本特征与 IPO 抑价之间存在显著的正向关系，主要是因为新股投资者选择相信其风险信息披露的真实性，认为 IPO 公司客观坦诚地对外公开风险因素和应对措施。因此，本书预期风险信息披露文本特征对于规模较大公司的 IPO 抑价影响更为明显。

如前文所述，本书使用 IPO 发行前最新公司总资产自然对数衡量 IPO 公司规模（Size），利用公司规模作为分组变量，对招股说明书风险信息披露文本特征与 IPO 抑价率进行分组回归。表 7 - 9 第（1）、（2）列报告了公司规模较小组内风险信息披露文本特征对 IPO 抑价的影响，第（3）、（4）列则报告了公司规模较大组内风险信息披露文本特征对 IPO 抑价的影响。回归结果显示，风险信息披露文本规模在公司规模较小组和公司规模较大组的回归中，回归系数均显著为正，而风险信息披露文本语调仅在公司规模较大组中的回归系数显著为正，在公司规模较小组中的回归系数并不显著。该结果表明，招股说明书风险信息披露文本特征对投资者决策的影响效应在大公司中更为明显。可能的解释是，与大公司相比，投资者往往认为小公司信息不透明，难以通过声誉效应保障所披露信息的真实性和可靠性（赵宇亮，2020），对其在风险因素中所使用的正面词语保持谨慎态度。

表 7 - 9　公司规模异质性分析

变量	小规模		大规模	
	（1）	（2）	（3）	（4）
Scale	0.2298 * （1.9309）		0.1788 ** （2.3572）	
Tone		1.5004 （1.1935）		0.8137 * （1.8539）
控制变量	控制	控制	控制	控制
N	411	411	411	411
R^2	0.2045	0.1999	0.1700	0.1602

7.4　拓展性分析：招股说明书风险因素文本信息含量与 IPO 市场反应

7.4.1　招股说明书风险因素提取特点与相关研究

在前面小节中，本书检验了文本规模与 IPO 抑价之间的关系。然而，风险因素文本规模大小并不一定与风险条目呈现绝对正比关系。例如，多个段落的风险描述有可能在描述一个风险因素，一个段落的风险描述往往也可能包含多个具体风险因素，同时，一个风险因素也可能在多个段落依次出现。

以 2015 年 IPO 公司"银宝山新"（002786）风险因素文本为例："原材料价格波动的风险。报告期内，公司直接材料占产品成本的平均比例为 56.21%，模具产品的主要原材料为模具钢和模坯，其价格主要受钢材价格影响，注塑结构件的主要原材料为 ABS 和 PC 等化工原料，其价格主要受原油价格影响，五金结构件的主要原材料为压铸件和铝型材，其价格主要受有色金属如铝等价格的影响。近年来国际国内钢材价格、有色金属价格和原油价格波动较为频繁，导致公司主要原材料的采购价格相应波动，虽然公司模具业务技术服务实力较强，能够向下游转移部分原材料成本的上涨，且实行以产订购的采购模式，采购过程中实行比价原则，并与主要供应商建立长期的合作关系，但未来如果原材料价格上涨幅度较大，将会对公司的毛利率水平产生不利影响，公司存在原材料价格波动的风险。"

在这一段风险因素描述中，如果仅浏览获取风险标题，仅可将其归为"主要产品或主要原材料价格波动"风险。但仔细阅读该部分文字内容，至少可以提取出 3 类风险，即"经营业绩不稳定""主要产品或主要原材料价格波动""过度依赖某一重要原材料、产品或服务"风险。

可见，风险标题与风险条目并不一一对应，这使得准确提取招股说明书风险因素成为全面有效测度其信息含量的关键（Boyer and Filion，2007）。姚颐和赵梅（2016）选取 12 名会计系本科生对 1136 份中文 A 股 IPO 招股说明书风险因素文本进行人工阅读，对 78 条具体风险条目逐条进行判断，如果认为此条风险叙述清晰则给予 1 分，否则为 0 分。Zhao 等（2020）继续沿用这一人工阅读的方法和数据，考察了招股说明书风险信息披露和分析师盈余预测之间的关系。人工阅读方法具有准确获取中文文本中"话里有话"真实信息的优势，能够精准识别风险信息，但这一方法仍有三点有待讨论。一是人工阅读容易受主观判断影响，12 名学生对每条风险的判断口径难以保持一致；二是一名本科学生一人要判断 $7384\left(\dfrac{1136 \times 78}{12}\right)$ 条风险，工作量实属不小，难以保证人工阅读疲劳所导致的判断失误情况不会发生；三是无法实现文本批量处理而得到大数据下的无偏估计，Li（2008）在金融文本挖掘中的里程碑研究贡献在于应用了计算机文本分析技术。据笔者所知，目前有关招股说明书风险条目计算机自动识别的国内外研究非常罕见，仅有的风险因素类别自动化提取大多基于 LDA 模型，以年报风险标题为文本分析对象进行研究（Bao and Datta，2014；Wei et al.，2019）。

为此，在下一小节中，本书将介绍 Label – LDA（L – LDA）模型以及其应用在提取风险因素方面的优势，并使用 Label – LDA 模型对招股说明书风险因素文本进行具体风险条目抽取。

7.4.2　基于 L – LDA 的风险文本信息含量提取

1. L – LDA 模型介绍

标记的潜在狄利克雷分布（Labeled Latent Dirichlet Allocation，L – LDA）模型是由斯坦福大学的 Daniel Ramage 等人于 2009 年提出的一种概率图模型，可以实现对多标签语料库的主题抓取，属于 LDA 的改进模型。

传统的 LDA 主题模型是一种无监督的机器学习模型，它的核心思想是文档是由潜在主题随机混合所表达的，同时每个主题都以词的分布为特征。该模型可以用来识别文档集合或语料库中的主题信息，实现对文本数据中整体主题构成的描述。尽管 LDA 的表达能力足以为每个文档建模多个主题，但它不直接适用于对招股说明书中的风险因素进行主题建模。这是由于在招股说明书中存在几十种意义明确的风险因素，而 LDA 主题模型事实上并不能真正理解用自然语言撰写的文本，只是通过参数估计去寻找低维多项式分布来描述一个主题。采用 LDA 方法设定主题数为 k 对语料库进行主题建模后，会得到 k 个不同的特征词集合，每个特征词集合都包含语料库在描述某一主题时主要采用的词语，自动化抽取得到的主题与招股说明书中存在的风险因素之间无法建立一一对应的关系。此外，由于 LDA 主题模型不适用于带标签语料库，没有提供明显的方法将监督标签集纳入其学习过程，即使有时间和资源对招股说明书中描述特定风险的文本段落进行标记，也无法调整优化模型学习出来的一些很难解释的主题，并使之适用于风险主题的建模工作。

因此，本书采用 L－LDA 语料库主题生成模型，该模型将多标签监督学习与 LDA 相结合，将主题模型所能分析出的主题限制在文档中标记出的标签集上，即将每一个文本标签都与一个直接对应的主题关联起来。其基本概念如下：词 w 是数据的基本单元，被表示为词表 V 上的一个 one－hot 的向量；文档 $W^{(d)}$ 是一个由出现的词向量序列组成的元组，$W^{(d)} = (w_1, w_2, \cdots, w_N)$；文档标签 $\Lambda^{(d)}$ 是文档 $W^{(d)}$ 在 K 个主题下的标签，$\Lambda^{(d)} = (l_1, l_2, \cdots, l_K)$，$l_i$ 取值为 0 表示 $W^{(d)}$ 不描述主题 i，l_i 取值为 1 表示 $W^{(d)}$ 描述主题 i；语料库 D 是 M 个文档组成的集合，$D = \{W^1, W^2, \cdots, W^M\}$。

L－LDA 的图模型如图 7－1 所示，可以看出 L－LDA 的表达可以分成三层，变量 α、β 和 Φ 属于语料库级的参数，假设在生成语料库的过程中采样一次；θ 和 Λ 是文档级变量，每个文档抽样一次；z_w 和 w 是词级变量，对每个文档中的每个词采样一次。

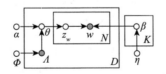

图 7－1　L－LDA 的图模型

在 L－LDA 中设定主题个数与标签中出现且不重复的主题个数相同，在语料库中，每一篇文档 $W^{(d)}$ 都有如下生成过程。

首先，对于主题集合中的每一个主题 $k \in \{1, 2, \cdots, K\}$，构建词典下服从狄利克雷前序 η 的多项式主题分布 β_k，生成 $\beta_k = (\beta_{k,1}, \beta_{k,2}, \cdots, \beta_{k,v})^{\mathrm{T}} \sim \mathrm{Dir}\,(\,\cdot\,|\,\eta)$。

其次，对文档下的每个主题 k，生成 $\Lambda^{(d)} \in \{0, 1\}\ \sim \mathrm{Bernoulli}\,(\,\cdot\,|\,\Phi_k)$，生成 $\theta^{(d)} \sim \mathrm{Dir}\,(\alpha \times \Lambda^{(d)})$。通过这样的方式，文档下的

主题概率 $\theta^{(d)}$ 既要服从狄利克雷分布，又被限定在与文档标签 $\Lambda^{(d)}$ 相关的主题之上。

最后，对于 $W^{(d)}$ 中的每一个词 w_i，生成一个主题 $z_i \sim \text{Multinomial}$ (θ)，生成词 $w_i \sim \text{Multinomial}\ (\beta_{z_i})$，它们都服从多项式分布。

当文档主题被人工标记好之后，$\Lambda^{(d)}$ 是可观测的，同时 Φ 标签优先级也是可以设定的，所以除了 $\theta^{(d)}$ 的计算被 $\Lambda^{(d)}$ 所限定，L – LDA 模型的其他部分与传统 LDA 模型相同，因此可以使用坍塌吉布斯采样（Griffiths and Steyvers，2004）训练 L – LDA 中某一主题在文档 d 中位置 i 上的采样概率：

$$P(z_i = j | z_{-i}) \propto \frac{n^{w}_{-i,j} + \eta_{w_i}}{n^{(\cdot)}_{-i,j} + \eta^{\mathrm{T}}1} \times \frac{n^{(d)}_{-i,j} + \alpha_j}{n^{(d)}_{-i,(\cdot)} + \alpha^{\mathrm{T}}1} \qquad (7-7)$$

其中，$n^{w}_{-i,j}$ 是不包括当前赋值于 z_i 的主题 j 下 w_i 的数量，缺失的上下标如 $n^{(\cdot)}_{-i,j}$ 表示一个维度的总和，而 1 是一个适当维度的向量 1。

2. 基于 L – LDA 模型提取招股说明书风险因素特征词汇

上市公司的招股说明书撰写内容和格式应该符合中国证券监督管理委员会制定的书写准则。因此，为确定招股说明书的风险信息披露文本中包含哪些风险因素，本书根据中国证监会发布的《公开发行证券的公司信息披露内容与格式准则第 1 号——招股说明书（2015 年修订）》中第二十八条有关风险因素的说明，将风险划分为市场风险、经营风险、财务风险、技术风险、管理风险、政策风险和其他风险等七大类风险，并手工对每类风险进行具体细分，结合招股说明书风险内容的具体特点，合计分离出上市公司招股说明书中可能披露的 45 种风险因素，并依据出现次序对其进行编号，如表 7 – 10 所示。上述 45 种风险因素被设定为 L – LDA 模型中的 45 个主题，即 $K = 45$，K^1 = 市场前景、行业经营环境的变化，K^{45} = 社会保险、公积金补缴风险。

表7-10 招股说明书风险因素标签

市场风险	1	市场前景、行业经营环境的变化
	2	商业周期或产品生命周期的影响
	3	市场饱和或市场分割
	4	过度依赖单一市场
	5	市场占有率下降
经营风险	6	经营模式变化
	7	经营业绩不稳定
	8	主要产品或主要原材料价格波动
	9	过度依赖某一重要原材料、产品或服务
	10	经营场所过度集中或分散
财务风险	11	内部控制有效性不足
	12	资金周转能力较差导致的流动性风险
	13	现金流状况不佳或债务结构不合理导致的偿债风险
	14	资产减值准备计提不足风险
	15	资产价值大幅波动风险
	16	非经常性损益或合并财务报表范围以外的投资收益金额大导致净利润大幅波动风险
	17	重大担保、诉讼仲裁事项导致的风险
技术风险	18	技术不成熟
	19	技术尚未产业化
	20	技术保护问题
	21	核心技术问题
	22	淘汰风险
管理风险	23	投资项目市场前景、技术保障、产业政策、环境保护、土地使用、融资安排、与他人合作
	24	营业规模、营业范围扩大或者业务转型导致的管理风险、业务转型风险
	25	固定资产折旧大量增加导致的利润下滑风险
	26	产能扩大导致的产品销售风险等

续表

	27	财政政策
	28	金融政策
	29	税收政策
政策风险	30	土地政策
	31	产业政策
	32	行业管理
	33	环境保护
	34	自然灾害
	35	安全生产
	36	汇率变化
	37	外贸环境
	38	本次发行引致净资产收益率下降
	39	股价波动
其他风险	40	人力资源风险
	41	品牌、商标侵权
	42	产品质量
	43	销售、推广费用提高的风险
	44	厂房租赁
	45	社会保险、公积金补缴风险

接下来要为文档标记主题，本书对 2014～2017 年 A 股的 822 份 IPO 公司招股说明书进行文本分析，但 $W^{(d)}$ 并不是将一份招股说明书中的第四章"风险因素"整体作为一个文档，而是对其进行进一步分割后得到的文档。这是由于，一份招股说明书的风险因素文本中所涉及的具体风险条目很多，如果将其视为一个整体，会导致主题混杂，大大降低方法的有效性。因此，本节依据标题对招股说明书的风险因素进行分割，将每一组标题及后续段落视为一个文档，并最终从随机选取的 40 份招股说明书文本中划分出 641 个文档组成 L–LDA 模型的语料库 $D = \{W^1, W^2, \cdots, W^{641}\}$，为每一个文档

$W^{(d)}$ 标记其披露的一个或者多个风险主题 $\Lambda^{(d)} = (l_1, l_2, \cdots, l_{45})$，文档分割及主题标记如图 7 - 2 所示。

```
┌─────────────────────────────────────────────────────┬──────────────────┐
│ W₁    二、乳制品行业风险                                    │                  │
│        由于乳制品行业涉及食品安全，近年来又曾出现过重大         │   1市场前景、行业   │
│   安全事故，因此一直受到政府监管部门、媒体、消费者的高       │⇒  经营环境的变化    │
│   度关注。虽然乳制品行业面临广阔的发展空间，但在短期内       │                  │
│   也存在一定的行业风险。                                   │                  │
├─────────────────────────────────────────────────────┼──────────────────┤
│ W₂    （一）行业负面报道对乳品行业带来不利影响的风险          │                  │
│        近年来，消费者对乳制品行业的质量问题极为敏感，本       │                  │
│   行业或上下游行业不时有相关的负面新闻报道，如行业内其       │                  │
│   他企业经营不规范造成食品质量安全事件、国际知名品牌奶       │   9过度依赖某一     │
│   粉乳企召回产品（后已证实非食品安全问题）等，都对本行       │⇒  重要原材料、      │
│   业及相关企业造成了重大影响。如未来继续发生相关不利事       │   产品或服务        │
│   件，可能会影响本公司的原材料供应，也可能造成消费者信       │                  │
│   心的动摇，选择暂时不购买乳制品产品，从而对本公司造成不     │                  │
│   利影响，给公司经营带来风险。                              │                  │
├─────────────────────────────────────────────────────┼──────────────────┤
│ W₃    （二）行业监管日趋严格导致成本提高的风险               │                  │
│        近年来，我国政府不断加强对乳制品行业的日常监管，       │                  │
│   完善监管法律体系，先后出台了《乳品质量安全监督管理条       │                  │
│   例》、《乳制品工业产业政策（2009年修订）》和《企业生       │                  │
│   产乳制品许可条件审查细则（2010版）》等，进一步提高了       │   31产业政策       │
│   行业准入门槛。虽然上述法律法规的出台有利于整顿行业秩       │⇒                  │
│   序，将不能达到要求的小企业清理出市场，有利于乳制品行       │                  │
│   业的长远发展。但是，为了满足乳制品行业不断提高的质量       │                  │
│   监管规定，公司需要购置新的检测设备、增加质量控制和检       │                  │
│   验人员，短期内存在质量控制成本上升的风险。                 │                  │
└─────────────────────────────────────────────────────┴──────────────────┘
```

图 7 - 2   "燕塘乳业"（002732）的风险因素文档分割及主题标记实例

随后，可利用 L - LDA 模型计算每类主题的特征候选词集合，选取概率排名前 40 的词作为当前风险类别特征候选词，以风险3——市场饱和或市场分割为例，L - LDA 模型训练得到的特征候选词集合为行业、市场竞争、企业、竞争、市场、加剧、国内、品牌、优势、医药、激烈、展示、下降、集中度、终端、我国、中国、服务、高端、毛利率、润滑油、流通、数量、竞争对手、市场份额、炭黑、改性、市场占有率、本行业、园林机械、门槛、更为、发展、竞争力、零售、一体化、纺织品、技术水平、大型、持续增长。由于文档 $W^{(d)}$ 来自具体的招股说明书，不可避免会导致部分特征候选词不具有风险共性，因此需要对风险的特征候选词进行人工筛选、补充及主题间去重操作，以风险 3 为例，本书最终定义的特征词集合 $lset_i$ 为行业、市场竞争、企业、竞争、市场、加剧、国内、品牌、优势、激烈、展示、下降、集中度终端、服务、高端、毛利率、流通、竞争对手、市场份额、市场占有率、本行业、门槛、更为、发展、竞争力、大型、持续增长、众多、市场规模、市场环境、涉足、竞争者、领域、数量、众多、外部竞争。利用上述方法，可以构建全部 45 类风险主题的特征词集合。

3. 招股说明书具体风险主题识别

在构建每类风险主题的特征词集合之后，即可自动化识别 822 份招股说明书的风险因素章节中各包含哪些风险主题，方法如下。

第一，对每份招股说明书第四节"风险因素"文本的 P_i 以标题及后续段落为单位进行文档划分，$P_i = (d_1, d_2, \cdots, d_n)$，其中 n 表示 P_i 中的段落个数。

第二，用 n 元组 $S_{P_i d_j} = (num_{K^1}, num_{K^2}, \cdots, num_{K^{45}})$ 表示当前 P_i 的第 j 个段落中分别包含多少不同风险主题下的关键词，通过关键词匹配技术匹配段落文本和风险主题关键词，求得 $S_{P_i d_j}$。

第三，用 $P_i^{risk} = (C_{k^1}, C_{k^2}, \cdots, C_{k^{45}})$ 表示当前招股说明书中包含的风险主题的集合，若某一段落中属于某一风险主题 K^m 的关键词数量多于总关键词数量的 1/10，则说明当前段落含有 K^m 的披露信息，也就意味着该招股说明书中包含对风险主题 K^m 的披露信息，则有：

$$P_i^{risk} \cdot C_{k^l} = \begin{cases} 1, & 如果 \exists d_n \in P_i, \dfrac{S_{P_i d_n} \cdot num_{K^l}}{\sum\limits_{m=1}^{45} S_{P_i d_n} \cdot num_{K^m}} \geqslant 0.1 \\ 0, & 否则 \end{cases} \tag{7-8}$$

通过上述过程，即可识别出所有招股说明书中包含的风险主题。对招股说明书中的风险因素进一步分析之后，本书发现文本中每类风险主题的描述程度及规模有所不同。因此，在识别招股说明书包含哪些风险主题后，本节进一步对每类风险的描述规模进行了度量，意在筛选出更具代表性的风险主题。

风险主题文本篇幅基于中文撰写行文规律用字数量统计。在利用关键词匹配技术实现了段落文本和风险主题关键词匹配之后，一个段落中相关风险词语归属的特定风险主题已得到标记，如图7-3（a）所示。

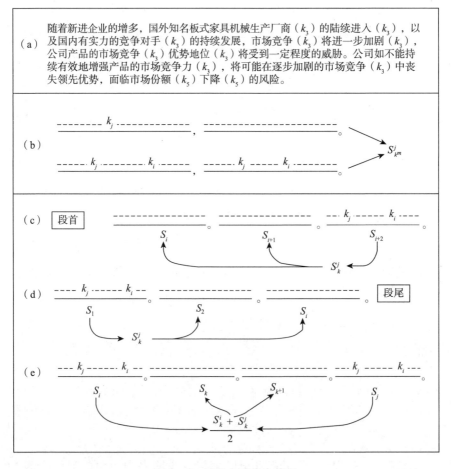

图7-3　风险主题文本篇幅

用以下方式对一份招股说明书文本中风险主题 K^m 的文字进行划分：

$$K_{sum}^m = \sum_{i=1}^s n \times S_{K^m}^i \qquad (7-9)$$

$$S_{K^m}^i = \frac{Appear_{K^m}}{\sum_{i=1}^{45} Appear_{K^i}} \qquad (7-10)$$

其中，K_{sum}^m 是一份招股说明书中属于 K^m 风险主题的文本字数，$S_{K^m}^i$ 是指语句 S^i 中的文字分割方案，n 表示句子 S^i 的字数，$Appear_{K^m}$ 指在当前句子中出现的 K^m 风险主题关键词个数。对于情况不同的句子也有不同的处理原则，如图 7-3（b）~（e）所示。

首先，如果在一句话中包含一个或多个风险的主题词，则按照公式（7-10）对当前语句的字数根据不同类别主题词出现比例制定分割方案。

其次，处理不含主题关键词的语句 S^j，共分成三种情况。

第一，若 S^j 出现在段首，且直到 S^{j+a} 才出现第一个 S_k^{j+a}，则 S_k^j ~ S_k^{j+a-1} 都取值为 S_k^{j+a}，即以段落中由前向后出现的第一个含有主题关键词句子的文字分割方案进行分割。

第二，若 S^j 出现在段尾，且直到 S^{j-a} 才出现第一个 S_k^{j-a}，则 S_k^{j-a+1} ~ S_k^j 都取值为 S_k^{j-a}，即以段落中由后向前出现的第一个含有主题关键词句子的文字分割方案进行分割。

第三，若 S^j ~ S^{j+a} 出现在段中，则它们的分割方案取值为 $\dfrac{S_k^{j-1} + S_k^{j+a+1}}{2}$，即根据前后文制定分割方案。

得到风险主题文字篇幅之后，可以设定合理的阈值 α 筛选出招股说明书中表达充分的风险，则有：

$$P_i^{risk\_zich} \cdot C_{k^j} = \begin{cases} 1, & \text{如果} K_{sum}^m \geqslant \alpha \\ 0, & \text{否则} \end{cases} \qquad (7-11)$$

7.4.3　实证分析讨论

1. 描述性统计

表7-11汇报了基于L-LDA方法所提取的招股说明书风险主题描述性统计结果。可以看到，总风险条目（*Term*）的均值和中位数分别为26.4039、27，即IPO公司在中文招股说明书中向投资者叙述的具体风险条目总数平均为26.4项，披露27项具体风险条目的IPO公司处在样本中间位置。具体来看，市场风险条目（*Marketterm*）平均为3.3260项，经营风险条目（*Operateterm*）平均为3.2859项，财务风险条目（*Financeterm*）平均为4.0414项，技术风险条目（*Techterm*）平均为3.2348项，管理风险条目（*Manageterm*）平均为2.6618项，政策风险条目（*Policyterm*）平均为4.0912项。值得注意的是，其他风险条目（*Otherterm*）平均为5.7628项，结合中位数为6，说明各个IPO公司普遍都会着力说明公司潜在的诸如"本次发行引致净资产收益率下降""股价波动"等风险。

2. 回归结果分析

表7-12报告了招股说明书各类风险条目与IPO抑价率之间关系的实证研究结果。表7-12的第（1）列显示，招股说明书披露的具体风险条目总数量越多，新股实际首日收益率越高。具体来说，*Term*的回归系数为0.0012，t值为1.8461，这说明，在证券市场整体面临诚信危机的处境下（姚颐、赵梅，2016），中小投资者并不会因为IPO公司披露了很多风险而感到恐惧不安，相反，会认为"能上市的公司都是好公司"，因为管理层有信心应对各类风险的发生，才会开诚布公地"暴露"缺点。在这样的情形下，风险信息披露赢得了市场参与者的"好感"，进一步提高了其市场认可度，供不应求的市场失衡使得新股价格在上市初期连续飙升，IPO抑价现象由此产生，这与前文7.2小节的结论基本一致。值得注意的是，本书所

表 7 - 11　风险信息描述性统计

变量	样本量	均值	标准差	最小值	25 分位数	中位数	75 分位数	最大值
Term	822	26. 4039	7. 5535	2	21	27	32	42
Marketterm	822	3. 3260	1. 3972	0	2	4	4	5
Operateterm	822	3. 2859	1. 3757	0	2	3	4	5
Financeterm	822	4. 0414	1. 6783	0	3	4	5	7
Techterm	822	3. 2348	1. 3443	0	2	3	4	5
Manageterm	822	2. 6618	1. 1711	0	2	3	4	4
Policyterm	822	4. 0912	1. 7878	0	3	4	6	7
Otherterm	822	5. 7628	2. 1128	0	4	6	7	12

表 7 - 12　招股说明书风险条目数量与 IPO 抑价

变量	(1)	(2)	(3)	(4)	(5)	(6)	(7)	(8)
Term	0.0012* (1.8461)							
Marketterm		0.0130 (0.2117)						
Operateterm			-0.0954* (-1.8272)					
Financeterm				0.0912* (1.7895)				
Techterm					0.1751*** (2.7546)			
Manageterm						-0.0145 (-0.1986)		
Policyterm							-0.0180 (-0.3743)	
Otherterm								-0.0647* (-1.7841)
Reputation	-0.1452 (-0.8454)	-0.1476 (-0.8573)	-0.1181 (-0.6869)	-0.1496 (-0.8748)	-0.1503 (-0.8810)	-0.1431 (-0.8347)	-0.1465 (-0.8542)	-0.1125 (-0.6531)

续表

变量	(1)	(2)	(3)	(4)	(5)	(6)	(7)	(8)
Age	-0.0361** (-2.2088)	-0.0359** (-2.2016)	-0.0360** (-2.2155)	-0.0351** (-2.1592)	-0.0338** (-2.0829)	-0.0361** (-2.2144)	-0.0365** (-2.2352)	-0.0359** (-2.2092)
ROE	-2.3410** (-2.3712)	-2.3408** (-2.3712)	-2.3589** (-2.3927)	-2.3125** (-2.3467)	-2.3499** (-2.3913)	-2.3473** (-2.3762)	-2.3389** (-2.3694)	-2.2338** (-2.261)
Offerprice	-0.0724*** (-6.5842)	-0.0724*** (-6.586)	-0.0720*** (-6.5547)	-00718*** (-6.5375)	-0.0741*** (-6.7603)	-0.0724*** (-6.5791)	-0.0725*** (-6.5896)	-0.0721*** (-6.5624)
Lottery	-69.4562** (-2.1296)	-69.3198** (-2.1255)	-67.1404** (-2.0596)	-70.3788** (-2.1621)	-65.7218** (-2.023)	-68.9683** (-2.11)	-69.105** (-2.1186)	-70.0468** (-2.1511)
常数项	5.3989*** (12.6893)	5.3819*** (14.6952)	5.7193*** (15.9532)	5.0361*** (13.5191)	4.851*** (13.2302)	5.4635*** (15.2504)	5.5062*** (14.8087)	5.7628*** (15.5787)
N	822	822	822	822	822	822	822	822
R²	0.0959	0.0959	0.0984	0.0994	0.1042	0.0959	0.0960	0.0986

得结论与姚颐和赵梅（2016）的研究结论不完全一致，可能原因有二：一是风险条目的具体划分不尽相同，两位作者将风险条目划分为4大类78小类，本书则将风险条目划分为7大类45小类；二是两位作者以2006～2012年为样本时间区间，本书则以2014～2017年为分析窗口，这两段时间内，中国资本市场无论是在投资者情绪还是在市场IPO发行数量上都存在较大差异。

第（2）～（8）列分别列示了各类风险披露条目数量对IPO抑价的影响。其中，财务风险条目（*Financeterm*）与技术风险条目（*Techterm*）分别在10%、1%的显著性水平下与IPO抑价率正相关，回归系数分别是0.0912（t值为1.7895）与0.1751（t值为2.7546），可见，拟上市公司管理层在风险信息披露文本中给外部投资者提供的财务风险、技术风险的条目越多，投资者对于该股票的投资偏好越强。与之相反的是，经营风险条目（*Operateterm*）和其他风险条目（*Otherterm*）在10%的水平下与IPO抑价率显著负相关，这说明，经营风险与其他风险的信息披露能够降低新股上市初期的抑价程度，发挥其应有的"信号"作用。

7.5　本章结论

本章应用文本分析法，从文本规模和文本语调两个维度刻画中文招股说明书风险信息披露的文本特征，基于行为金融学理论，试图深入考察风险信息披露对IPO抑价的影响并揭示其作用机理。同时，在拓展性分析中，本书利用L－LDA模型从风险因素文本中抽取具体风险条目，为实现自动化风险文本分类工作提供了新方法和新思路。

本章的主要结论有以下几个。第一，招股说明书风险信息披露文本规模显著提高了IPO抑价水平。拟上市公司在招股说明书中提供给投资者的风险信息较多，表明公司敢于将目前存在以及未来潜在的风险因素公之于众，其较高的风险认知能力和"未雨绸缪"的风险应对措施有助于获得投资者的好感和认可，进一步提振其投资热情，加强了新股市场的供求失衡关系，外在表现为较高的 IPO 抑价水平。第二，招股说明书风险信息披露部分较为积极的文本语调可以显著提高 IPO 抑价水平。管理层在风险信息披露文本中使用较多的正面词语，会增强投资者对 IPO 公司风险处置措施和抗风险能力的信心，进而使其做出更高的盈余判断，造成 IPO 抑价现象。上述结论在公司治理结构较为合理、公司规模较大的样本组内更为显著。第三，招股说明书披露的具体风险条目总数量越多，市场上新股实际首日收益率越高。具体来说，财务风险条目与技术风险条目均与 IPO 抑价率呈显著正相关关系，经营风险条目、其他风险条目能够起到降低 IPO 抑价的作用。以上结论说明，虽然我国中小投资者的理性投资意识与过去相比有所提高，但风险投资意识和价值投资理念仍较为薄弱，还有待进一步提高。

第8章　主要结论、实践启示与研究展望

提高上市公司信息披露质量是促进资本市场健康发展和稳定运行的重中之重。公司信息披露中的文本类定性"软信息"对于资产价格变动的影响，并不逊色于数据类定量"硬信息"，有时对于投资者而言，文本信息甚至比财务数据信息含有的信息量更丰富。招股说明书作为公司首次公开发行股票时制作的规范性披露材料，是极为重要的信息文件。招股说明书文本信息对于投资者准确判断公司前景、进行投资决策具有重要的参考价值，因此，招股说明书文本特征极有可能对 IPO 抑价产生一定影响。然而，文本信息在中国 IPO 新股发行市场中的影响力亟待深入探究，尚未形成具有代表性的统一结论。为此，本书应用文本分析技术，试图从理论分析与实证分析两个角度，探究中文招股说明书文本特征对投资者决策行为及资本市场运行效率的影响。

8.1　主要结论

本书以 2014～2017 年的 822 份中文招股说明书为文本分析对象，从文本相似度、文本可读性以及管理层语调三个方面，提出并验证了招股说明书文本特征与 IPO 市场反应的相关假设，得到的基本结论如下。

首先，文本相似度是衡量招股说明书文本信息含量的重要指标，

本书分析了招股说明书文本相似度对 IPO 抑价的影响。管理层提供的信息的质量对信息内容的编码和解码有着最直接的影响,投资者能否准确掌握招股说明书中传达的信息在很大程度上取决于招股说明书的信息质量。招股说明书文本相似度越高,说明其文本模板化与内容套用化越严重,导致其文本质量和信息含量下降。当管理层通过文字信息向投资者传递的公司价值信号较少时,IPO 公司与投资者之间信息不对称的程度会进一步加深,造成更高程度的 IPO 抑价。本书创新性地提出使用文本相似度指标来衡量中文招股说明书的质量,克服了现有中文文本研究通过定性分析或评分来判断文本信息披露质量的主观缺点。研究发现,招股说明书文本相似度越高,IPO 抑价程度越高,这一结论在进行稳健性检验之后仍然成立;不同市场的投资者对于文本信息含量的敏感度并不相同,上述结论在中小板市场及创业板市场样本组内更为显著,这与公司经营性质、公司成长性、投资者经验等都密切相关。因此,发行人降低招股说明书文本相似度,提高文本信息特质性,会使得发行人与投资者双方的信息不对称得以缓解,表现为 IPO 公司自身的融资成本在资本市场中会进一步下降。

其次,文本可读性影响投资者能否准确理解并重构招股说明书中所披露的文字信息,本书探讨了招股说明书文本可读性对 IPO 抑价的影响。招股说明书文本可读性越差,投资者掌握的 IPO 公司的信息就越少,在股票上市后 IPO 抑价程度也就越高。本书从语义复杂性和词义陌生度两个维度创建了中文金融文本可读性指标,以更加准确地测度投资者对于招股说明书所含信息的理解程度和接受程度,进一步发展了文本可读性研究。研究发现,招股说明书文本可读性与 IPO 抑价具有显著负相关关系。更具体地来说:在高机构投资者持股比例样本组内,招股说明书文本可读性能够有效降低 IPO 抑价程度;从区别产权性质来看,招股说明书可读性与 IPO 抑价负相关仅在非国有企业样本组成立，上述关系在国有企业样本组内不存在。招股说明书可读性与上市首日换手率负相关，即招股说明书可读性越高，投资者意见分歧程度越低；招股说明书文本信息的可读性越低，IPO公司上市后财务业绩越差。本书研究表明，晦涩难懂的招股说明书能使管理者有效达到公司印象管理目标，减少投资者从招股说明书文件中提取信息的数量，影响发行人与投资者之间的信息不对称程度，在一定程度上提高IPO抑价水平。

再次，管理层语调作为文本增量信息对资产价格变动起到至关重要的作用，本书考察了招股说明书管理层语调对IPO抑价的影响。与发达国家成熟资本市场相比，中国证券市场正处于发展阶段，中小投资者理性投资能力和价值投资理念相对不足，同时新股供需极不平衡，投资经验不足的投资者更容易受到管理层正面语调的"激励"或负面语调的"打击"。招股说明书的管理层语调更多发挥了"情感驱动"功能。当管理层净正面语调引发投资者积极情绪后，投资者对IPO新股价格的乐观心理预期和非理性交易热情被进一步助长，更多乐观投资者积极入场交易导致新股交易市场中需求量大增，供不应求的市场失衡使得新股价格在上市初期连续飙升，进而造成了IPO抑价现象。本书基于中文语言和金融信息披露词语特点，创建中文招股说明书情感词汇列表。实证研究发现，招股说明书管理层净正面语调提高了IPO抑价程度，管理层所用正面词语越多，IPO抑价程度越高，但管理层所用负面词语对IPO抑价并没有显著影响；上述结论在信息透明度较低、文本可读性较差以及机构投资者持股比例较低样本组内更加显著。进一步研究发现，管理层语调对IPO抑价的影响会受到投资者情绪的影响；招股说明书中的管理层语调是IPO新股长期市场表现的弱信号，并不具备持续效应；当管理层在招股说明书文本中使用了更多的正面词语时，IPO业绩变脸的可能性更大；支付更高承销费用的拟上市公司在对外信息传递过程中往往伴随着更少的负面描述。

最后，风险因素部分是招股说明书中极具价值信息含量的部分，本书研究了招股说明书风险信息披露文本与 IPO 抑价之间的关系。理论上，在中国 IPO 供不应求的市场失衡背景下，投资者"好感"和拟上市公司"声誉效应"会造成新股价格在上市初期连续飙升，进而产生 IPO 抑价现象。因此，风险信息披露文本规模越大，表明管理层风险识别能力和应对信心越强，投资者信任度越高，IPO 实际首日收益率水平越高。同时，积极的语调也会导致投资者做出更高的盈余判断，进而造成 IPO 抑价现象。实证研究发现，招股说明书风险信息披露文本规模、文本语调均与 IPO 抑价呈正相关关系，这一结论在经过一系列稳健性检验后依然成立，在公司治理结构较为合理、公司规模较大样本组内更为明显。同时，招股说明书披露的具体风险条目总数量越多，新股实际首日收益率越高。具体来说，财务风险条目与技术风险条目均与 IPO 抑价呈显著正相关关系，经营风险条目、其他风险条目能够起到降低 IPO 抑价的作用。

8.2　实践启示

8.2.1　构建以投资者需求为导向的信息披露体系

第一，强化上市公司信息披露文本易读性要求。从本书研究结论来看，中文招股说明书的文字部分在不同程度上存在使用冗长句式、晦涩语言等问题，加深了新股交易市场中投资者与发行公司的信息不对称程度，最终导致较高的 IPO 抑价水平。因此，提高 IPO 定价效率，保障资本市场健康发展，需要重视文本可读性在信息披露中的重要作用。1998 年，美国证券交易委员会提出上市公司信息披露需满足简明性要求，列示了包括长句、被动语态、不必要的细节、术语等导致文本可读性降低的因素和修改示例，力图"手把手"教会发行人书写可读性较强的招股说明书，同时提出广泛应用可读性公式的倡议。美国金融监管模式在公开信息披露方面对上市公司及其代理人施加了较为严格的要求。与之相比，2001年3月，中国证监会发布《公开发行证券的公司信息披露内容与格式准则第1号——招股说明书》（以下简称《招股书》），第十三条明确要求招股说明书"文字应简洁、通俗、平实和明确"。两年后，《招股书》增加"招股说明书摘要中要尽量少用投资者不熟悉的专业和技术词汇""做到简明扼要，通俗易懂"等内容，以期进一步提高信息披露的透明度和易懂性。2013年，中国证监会在《关于进一步推进新股发行体制改革的意见》中着重强调，要"以投资者的决策需要为导向"，"使用浅白语言，提高披露信息的可读性，方便广大中小投资者阅读和监督"，这是监管部门首次对公司信息披露"可读性"提出明确要求。2014年，中国证监会颁布了《公开发行证券的公司信息披露内容与格式准则第28号——创业板公司招股说明书（2014年修订）》，突出强调了现阶段招股说明书存在可读性不强、语言不够浅白等问题。不可否认，近20年来，中国证券监管部门在提高招股说明书信息披露质量和可读性上做了大量工作，但可测度的硬性要求较少，以描述性要求居多。一方面，必须进一步强化招股说明书信息披露制度建设，提高招股说明书非文本信息的质量，避免拟上市公司管理层使用晦涩难懂的文字"混淆视听""蒙混过关"。另一方面，监管部门应进一步强化上市公司信息披露文字易读性要求。可编制一套中文招股说明书可读性的定量度量方法，对所有拟上市公司的招股说明书在发布之前进行检测，只有符合要求的招股说明书才能发布，以保证招股说明书语言直白、简单易懂，使其文本所含信息便于投资者识别理解，充分发挥资本市场有效配置资源的功能。

第二，严控文本信息披露质量。从本书研究结论来看，目前招股说明书文本之间相似度较高，管理层语调较为积极。由于执法水平低、投资者保护力度较小、公司内部治理不完善等多方面因素，中国上市公司信息披露多年来饱受批评。2012年5月，中国证券监督管理委员会公布了《关于进一步提高首次公开发行股票公司财务信息披露质量有关问题的意见》，对包括发行人、会计师事务所、保荐机构等在内的各市场主体，围绕如何提高IPO公司的财务信息质量提出了具体的要求，但是在这之后对于IPO公司的非财务信息披露质量却少有提及或规定。本书研究表明，非财务信息确实影响着IPO市场的运行效率，特别是与IPO抑价密切相关。因此，监管部门应对拟上市公司的非财务信息披露质量做出明确的硬性要求，包括信息真实、公开透明、对于战略信息描述更加规范清晰等，以期进一步提高IPO公司的信息披露质量，降低发行人与投资者之间的信息不对称程度，提高资本市场特别是新股发行市场的运行效率。

第三，构建信息披露溯源监管机制。管理层如果采取机会主义行为隐瞒内部真实信息，并在招股说明书中对公司进行"包装""美化"，那么经过文本"粉饰"的IPO公司在上市后业绩变脸的可能性较高，本书的研究结论也证实了这一猜想。因此，监管部门可以建立IPO信息披露跟踪管理机制，在新股上市后的一段时间内，比较其后续信息披露与招股说明书信息披露在关键事项描述上是否存在严重不一致。上市后公司经营等方面出现重大问题，可回溯招股说明书是否真实负责地披露了相关信息，如有刻意隐瞒、知而不报的情形，应用相关制度和法律进行惩罚，以倒逼拟上市公司提高信息披露的真实性、可靠性和准确性。

8.2.2　提高投资者理性投资的意识和能力

第一，积极引导投资者理性投资。与发达国家成熟资本市场相比，中国证券市场正处于发展阶段，仍以中小投资者为市场交易主体，而中小投资者理性投资能力和价值投资理念相对不足。从本书结论来看，当管理层语调诱发投资者积极情绪后，投资者对IPO新股价格的乐观心理预期和非理性交易热情会被进一步助长，更多乐观投资者积极入场交易导致新股交易市场中需求量大增，供不应求的市场失衡使得新股价格在上市初期连续飙升，进而造成IPO抑价现象。投资经验不足的投资者，更容易受到管理层正面语调的"激励"或负面语调的"打击"，这给管理层进行文本语调操纵提供了机会。因此，要切实加强投资者教育，提升投资者尤其是中小投资者的投资素养和知识水平。根据不同投资经验的投资者采取差异化指导措施；在全社会营造公平公正、信息公开、违规必查的良好外部投资环境；以微信公众号、短视频、漫画、社区展板等多种生动易懂、深入人心的形式，普及金融知识；宣传价值投资、长期投资的正确投资理念，扭转打新必赢的投机误区。

第二，切实提高投资者风险意识。从招股说明书的结构安排上看，重点突出投资者须知的有关拟上市公司的各类风险，做"重大风险提示"一节，足见风险信息披露在投资者理性投资判断过程中的信息供给重要性。在中国现实投资中，进行新股交易的中小投资者到底是一字一句地认真阅读风险因素文本还是走马观花地进行浏览式阅读，其信息阅读方式和过程可能各有不同。从本书得到的结论来看，招股说明书的风险信息披露较为详细，投资者在投资决策时确实会参考风险信息，但是风险信息的"信号作用"远小于其"信息作用"。因此，现阶段，应让投资者了解风险、感知风险、规避风险，切实将"利益与风险并存"的投资风险意识嵌入每一个中小投资者的投资决策环节中。

第三，强化投资者信息理解能力。与机构投资者相比，中小投资者的信息处理能力较为有限，而解读文本信息与解读数据类定量信息相比，需要更高水平的分析能力和更为丰富的专业知识。信息是投资者判断资产价值的重要依据，信息能否被投资者有效获取、正确处理，影响着资源配置的有效性和合理性。因此，要通过建立多层次投资者教育体系，使政府监管部门、证券公司等金融机构、公益组织积极参与投资者信息处理能力的提升教育，使普及公益讲座与有偿收费辅导相结合，有效弥补当前投资者教育的不足。

8.3 研究展望

本书提出了多维测度招股说明书文本特征的方法，实证分析了招股说明书文本特征对 IPO 抑价的影响，并以风险因素文本作为具体分析对象，进一步挖掘了其文本特征与风险条目在 IPO 市场中的作用。但金融文本分析属于交叉学科，可以借鉴的完整体系研究少之又少，并无成熟路径可循。未来，可就以下几个方面进行细致研究。

第一，可对招股说明书文本信息与上市后年度报告文本信息进行对比研究，从信息的连贯性、差异性、语调变异性等方面加以探究。

第二，可聚焦招股说明书第八节"财务会计信息与管理层分析"、第九节"募集资金运用与未来发展规划"等具体章节，结合其文本特征和文本内容特点，展开相应讨论与分析。

第三，不使用预定义的字典来定义文档情绪，采用无监督或有监督的机器学习方法进行文本情感分析。目前，机器学习方法在短文本情感分析当中已经得到了广泛应用，但对于招股说明书这样的长文本分析还略显吃力。随着自然语言处理技术的快速发展，未来可采用先进技术来度量管理层语调。

参考文献

白云霞，李璇．预期业绩与 IPO 公司风险对策披露 ［J］．财贸经济，2020，41（7）：67－82．

陈炜，袁子甲，何基报．异质投资者行为与价格形成机制研究 ［J］．经济研究，2013，48（4）：43－54．

陈霄，叶德珠，邓洁．借款描述的可读性能够提高网络借款成功率吗 ［J］．中国工业经济，2018（3）：174－192．

陈艺云．基于信息披露文本的上市公司财务困境预测：以中文年报管理层讨论与分析为样本的研究 ［J］．中国管理科学，2019，27（7）：23－34．

底璐璐，罗勇根，江伟，陈灿．客户年报语调具有供应链传染效应吗？——企业现金持有的视角 ［J］．管理世界，2020，36（8）：148－163．

丁慧，吕长江，陈运佳．投资者信息能力：意见分歧与股价崩盘风险——来自社交媒体"上证 e 互动"的证据 ［J］．管理世界，2018，34（9）：161－171．

方军雄．信息公开、治理环境与媒体异化——基于 IPO 有偿沉默的初步发现 ［J］．管理世界，2014（11）：95－104．

甘丽凝，陈思，胡珉，王俊秋．管理层语调与权益资本成本——基于创业板上市公司业绩说明会的经验证据 ［J］．会计研究，2019（6）：27－34．

高敬忠，彭正银，王英允. IPO 制度改革、盈余透明度与投资者异质信念 [J]. 外国经济与管理，2019，41（2）：112 – 124.

韩立岩，伍燕然. 投资者情绪与 IPOs 之谜——抑价或者溢价 [J]. 管理世界，2007（3）：57 – 67.

郝项超，苏之翔. 重大风险提示可以降低 IPO 抑价吗？——基于文本分析法的经验证据 [J]. 财经研究，2014，40（5）：42 – 53.

何大安，康军巍. 有限理性约束下决策者行为的理论和实证分析——一种借助于彩票投注者决策情形的分析性考察 [J]. 浙江学刊，2016（5）：175 – 184.

黄方亮. 新股发行风险信息披露的多维分析 [M]. 经济科学出版社，2015.

蒋艳辉，马超群，熊希希. 创业板上市公司文本惯性披露、信息相似度与资产定价——基于 Fama-French 改进模型的经验分析 [J]. 中国管理科学，2014，22（8）：56 – 63.

雷振华. 股权性质、代理成本与社会责任信息披露质量——来自我国上市公司的经验证据 [J]. 经济社会体制比较，2014（01）：201 – 212.

黎文靖，杨丹. 管理层为何自愿披露劳动力成本上涨风险信息？——来自中国上市公司的经验证据 [J]. 财经研究，2013，39（10）：91 – 105.

李莎，林东杰，王彦超. 公司战略变化与审计收费——基于年报文本相似度的经验证据 [J]. 审计研究，2019（6）：105 – 112.

李文莉，王玉婷. 中美证券发行信息披露制度比较研究 [J]. 证券法苑，2014，12（3）：285 – 306.

李晓溪，杨国超，饶品贵. 交易所问询函有监管作用吗？——基于并购重组报告书的文本分析 [J]. 经济研究，2019，54（5）：181 – 198.

林乐，谢德仁. 分析师荐股更新利用管理层语调吗？——基于业绩说明会的文本分析 [J]. 管理世界，2017（11）：125－145＋188.

林乐，谢德仁. 投资者会听话听音吗？——基于管理层语调视角的实证研究 [J]. 财经研究，2016，42（7）：28－39.

林晓光. 中国由高语境文化向低语境文化移动的假说 [J]. 新闻与传播研究，2009（2）：29－36＋111－112.

刘昌阳，刘亚辉，尹玉刚. 上市公司产品竞争与分析师研究报告文本信息 [J]. 世界经济，2020，43（2）：122－146.

刘剑蕾. 中国 IPO 发行定价制度变迁及其影响研究 [M]. 中国金融出版社，2017.

逯东，余渡，杨丹. 财务报告可读性、投资者实地调研与对冲策略 [J]. 会计研究，2019（10）：34－41；

罗勇根，饶品贵，岳衡. "通货膨胀幻觉" 的微观解释：盈余质量的视角 [J]. 世界经济，2018（4）：124－149.

茅宁，王宁. 有限理性个体投资者约为机理的实证研究 [J]. 管理科学，2008（1）：91－99.

孟庆斌，杨俊华，鲁冰. 管理层讨论与分析披露的信息含量与股价崩盘风险——基于文本向量化方法的研究 [J]. 中国工业经济，2017（12）：132－150.

聂左玲，汪崇金，秦凤鸣. 财经报道可以倚重吗？——来自 AH 交叉上市公司的现场实验证据 [J]. 外国经济与管理，2017，39（10）：114－128.

丘心颖，郑小翠，邓可斌. 分析师能有效发挥专业解读信息的作用吗？——基于汉字年报复杂性指标的研究 [J]. 经济学（季刊），2016，15（4）：1483－1506.

权小锋，尹洪英，吴红军. 媒体报道对 IPO 股价表现的非对称影响研究——来自创业板上市公司的经验证据 [J]. 会计研究，2015

（6）：56 – 63.

沈艳，陈赟，黄卓．文本大数据分析在经济学和金融学中的应用：一个文献综述 [J]．经济学（季刊），2019，18（4）：1153 – 1186.

宋顺林，唐斯圆．首日价格管制与新股投机：抑制还是助长？[J]．管理世界，2019，35（1）：211 – 224

宋顺林，唐斯圆．投资者情绪、承销商行为与 IPO 定价——基于网下机构询价数据的实证分析 [J]．会计研究，2016（2）：66 – 72.

孙蔓莉．上市公司年报的可理解性研究 [J]．会计研究，2004（12）：23 – 28.

孙文章．董事会秘书声誉与信息披露可读性——基于沪深 A 股公司年报文本挖掘的证据 [J]．经济管理，2019，41（7）：136 – 153.

谭松涛，崔小勇，孙艳梅．媒体报道、机构交易与股价的波动性 [J]．金融研究，2014（3）：180 – 193.

田利辉，王可第．社会责任信息披露的"掩饰效应"和上市公司崩盘风险——来自中国股票市场的 DID – PSM 分析 [J]．管理世界，2017（11）：146 – 157.

田利辉，张伟．政治关联和我国股票发行抑价："政企不分"如何影响证券市场？[J]．财经研究，2014，40（6）：16 – 26 + 120.

汪昌云，武佳薇，孙艳梅，甘顺利．公司的媒体信息管理行为与 IPO 定价效率 [J]．管理世界，2015（1）：118 – 128.

汪海粟，方中秀．无形资产的信息披露与市场检验——基于深圳创业板上市公司数据 [J]．中国工业经济，2012（8）：135 – 147.

王夫乐．高管情绪是否具有信息披露的作用？——来自 IPO 路演的证据 [J]．经济管理，2018，40（2）：106 – 121.

王国成．西方经济学理性主义的嬗变与超越 [J]．中国社会科学，2012（7）：68 – 81.

王华杰，王克敏．应计操纵与年报文本信息语气操纵研究 [J]．会计研究，2018（4）：45－51.

王克敏，王华杰，李栋栋，戴杏云 . 年报文本信息复杂性与管理者自利——来自中国上市公司的证据 [J].管理世界，2018，34（12）：120－132＋194.

王垒，刘新民，吴士健，范柳 . 创业企业IPO后所有权类型集中度、董事会主导功能与多元化战略选择 [J].南开管理评论，2018（3）：105－117.

王蕾 . 初中级日韩学习者汉语文本可读性公式研究 [J].语言教学与研究，2017（5）：15－25.

王木之，李丹 . 资本市场中的媒体公关：来自我国企业IPO的经验证据 [J].管理世界，2016（7）：121－136＋188.

王雄元，高曦，何捷 . 年报风险信息披露与审计费用——基于文本余弦相似度视角 [J].审计研究，2018（5）：98－104.

王雄元，高曦 . 年报风险披露与权益资本成本 [J].金融研究，2018（1）：174－190.

王雄元，李岩琼，肖忞 . 年报风险信息披露有助于提高分析师预测准确度吗？[J].会计研究，2017（10）：37－43＋96.

王雄元，曾敬 . 年报风险信息披露与银行贷款利率 [J].金融研究，2019（1）：54－71.

王又民 . 汉语常用词分析及词汇教学 [J].世界汉语教学，1994（2）：58－62.

魏志华，曾爱民，吴育辉，李常青 .IPO首日限价政策能否抑制投资者"炒新"？[J].管理世界，2019，35（1）：192－210.

吴思远，于东，江新 . 汉语文本可读性特征体系构建和效度验证 [J].世界汉语教学，2020，34（1）：81－97.

吴璇，田高良，李玥婷，薛宇婷 . 经营信息披露与股票收益联动——基于财务报告文本附注的分析 [J].南开管理评论，2019，22

（3）：173 – 186 + 224.

武俊桥 . 论证券信息披露简明性规则——以网络时代为背景 ［J］. 证券市场导报，2011（11）：19 – 26.

谢德仁，林乐 . 管理层语气能预示公司未来业绩吗？——基于我国上市公司年度业绩说明会的文本分析 ［J］. 会计研究，2015（2）：20 – 27.

熊艳，杨晶 . 媒体监督与 IPO 业绩变脸：甄别、传导还是治理 ［J］. 财贸经济，2017，38（6）：66 – 79.

杨玉凤，王火欣，曹琼 . 内部控制信息披露质量与代理成本相关性研究——基于沪市 2007 年上市公司的经验数据 ［J］. 审计研究，2010（1）：82 – 88 + 46.

姚加权，张锟澎，罗平 . 金融学文本大数据挖掘方法与研究进展 ［J］. 经济学动态，2020（4）：143 – 158.

姚颐，赵梅 . 中国式风险披露、披露水平与市场反应 ［J］. 经济研究，2016，51（7）：158 – 172.

伊志宏，朱琳，陈钦源 . 分析师研究报告负面信息披露与股价暴跌风险 ［J］. 南开管理评论，2019，22（5）：192 – 206.

易志高，潘子成，李心丹，茅宁 . 公司策略性媒体披露行为研究最新进展与述评 ［J］. 外国经济与管理，2018，40（11）：18 – 31.

游家兴，吴静 . 沉默的螺旋：媒体情绪与资产误定价 ［J］. 经济研究，2012（7）：142 – 153.

于富生，王成方 . 国有股权与 IPO 抑价——政府定价管制视角 ［J］. 金融研究，2012（9）：155 – 167.

曾庆生，周波，张程，陈信元 . 年报语调与内部人交易："表里如一"还是"口是心非"？［J］. 管理世界，2018，34（9）：149 – 166.

翟淑萍，王敏，白梦诗 . 财务问询函能够提高年报可读性吗——来自董事联结上市公司的经验证据 ［J］. 外国经济与管理，2020，

42（9）：136-152.

张丹. 我国企业智力资本报告建立的现实基础：来自上市公司年报的检验 [J]. 会计研究，2008（1）：18-25.

张劲帆，李丹丹，杜涣程. IPO限价发行与新股二级市场价格泡沫——论股票市场"弹簧效应" [J]. 金融研究，2020（1）：190-206.

张卫东，苏鑫，陈辉，唐齐鸣，杨雪. 涨幅限制影响IPO抑价了吗？ [J]. 管理评论，2018，30（1）：36-45+135.

赵璨，陈仕华，曹伟. "互联网+"信息披露：实质性陈述还是策略性炒作——基于股价崩盘风险的证据 [J]. 中国工业经济，2020（3）：174-192.

赵立新. 构建投资者需求导向的信息披露体系 [J]. 中国金融，2013（6）：78-80.

赵岩，孙文琛. 券商声誉、机构投资者持股与IPO抑价 [J]. 经济管理，2016（12）：112-131.

赵宇亮. 年报净语调对企业债权融资的影响研究 [J]. 经济管理，2020，42（7）：176-191.

赵子夜，杨庆，杨楠. 言多必失？管理层报告的样板化及其经济后果 [J]. 管理科学学报，2019，22（3）：53-70.

钟凯，董晓丹，陈战光. 业绩说明会语调与分析师预测准确性 [J]. 经济管理，2020，42（8）：120-137.

周佰成，周阔. 招股说明书可读性影响IPO抑价了吗？ [J]. 外国经济与管理，2020，42（3）：104-117+135.

周波，张程，曾庆生. 年报语调与股价崩盘风险——来自中国A股上市公司的经验证据 [J]. 会计研究，2019（11）：41-48.

朱朝晖，许文瀚. 上市公司年报语调操纵、非效率投资与盈余管理 [J]. 审计与经济研究，2018，33（3）：63-72.

邹萍. 货币政策、股票流动性与股票价格暴跌风险 [J]. 南方经济，

2015 (7): 29 – 46.

Aggarwal R, Prabhala N, Puri M, et al. Institutional allocation in initial public offerings: Empirical evidence [J]. The Journal of Finance, 2002, 57 (3): 1421 – 1442.

Ahmed K, Courtis J K. Associations between corporate characteristics and disclosure levels in annual reports: A meta-analysis [J]. The British Accounting Review, 1999, 31 (1): 35 – 61.

Akerlof G A. The market for "lemons": Quality uncertainty and the market mechanism [M]. Uncertainty in Economics. Academic Press, 1970: 235 – 251.

Allen F, Faulhaber G R. Signaling by underpricing in the IPO market [J]. Journal of Financial Economics, 1989, 23 (2): 303 – 323.

Arnold T, Fishe R P H., North D. The effects of ambiguous information on initial and subsequent IPO returns [J]. Financial Management, 2010, 39 (4): 1497 – 1519.

Bacha S, Ajina A. CSR performance and annual report readability: Evidence from France [J]. Corporate Governance: The International Journal of Business in Society, 2019, 20 (2): 201 – 215.

Balsam S, Bartov E, Marquardt C. Accruals management, investor sophistication, and equity valuation: Evidence from 10 – Q filings [J]. Journal of Accounting Research, 2002, 40 (4): 987 – 1012.

Bao Y, Datta A. Simultaneously discovering and quantifying risk types from textual risk disclosures [J]. Management Science, 2014, 60 (6): 1371 – 1391.

Baron D P. A model of the demand for investment banking advising and distribution services for new issues [J]. The Journal of Finance, 1982, 37 (4): 955 – 976.

Baron D P, Holmstrom B. The investment banking contract for new issues under asymmetric information: Delegation and the incentive problem [J]. The Journal of Finance, 1980, 35 (5): 1115 – 1138.

Baxamusa M H, Jalal A, Jha A, et al. It pays to partner with a firm that writes annual reports well [J]. Journal of Banking and Finance, 2018, 92 (7): 13 – 34.

Beattie V, Jones M J. Impression management: The case of inter-country financial graphs [J]. Journal of International Accounting, Auditing and Taxation, 2000, 9 (2): 159 – 183.

Beatty A, Cheng L, Zhang H. Are risk factor disclosures still relevant? Evidence from market reactions to risk factor disclosures before and after the financial crisis [J]. Contemporary Accounting Research, 2019, 36 (2): 805 – 838.

Beatty R P, Ritter J R. Investment banking, reputation, and theunderpricing of initial public offerings [J]. Journal of Financial Economics, 1986: 213 – 232.

Benjamin R G. Reconstructing readability: Recent developments and recommendations in the analysis of text difficulty [J]. Educational Psychology Review, 2012, 24 (1): 63 – 88.

Benveniste L M, Busaba W Y, Wilhelm Jr W J. Information externalities and the role of underwriters in primary equity markets [J]. Journal of Financial Intermediation, 2002, 11 (1): 61 – 86.

Beretta S, Bozzolan S. A framework for the analysis of firm risk communication [J]. International Journal of Accounting, 2004, 39 (3): 303 – 305.

Bhattacharya S, Chiesa G. Proprietary information, financial intermediation, and research incentives [J]. Journal of Financial Intermediation, 1995, 4 (4): 328 – 357.

Biddle G C, Hilary G, Verdi R S. How does financial reporting quality relate to investment efficiency? [J]. Journal of Accounting and Economics, 2009, 48 (2 – 3): 112 – 131.

Bloomfield R J. The "incomplete revelation hypothesis" and financial reporting [J]. Accounting Horizon, 2002, 16 (3): 985 – 988.

Bonsall S B, Leone A J, Miller B P, et al. A plain English measure of financial reporting readability [J]. Journal of Accounting and Economics, 2017, 63 (2 – 3): 329 – 357.

Booth J R, Chua L. Ownership dispersion, costly information, and IPO underpricing [J]. Journal of Financial Economics, 2004, 41 (2): 291 – 310.

Bottazzi L, Rin M D. Voluntary information disclosure at IPO [J]. Available at SSRN, 2810847, 2016.

Boubaker S, Gounopoulos D, Rjiba H. Annual report readability and stock liquidity [J]. Financial Markets, Institutions & Instruments, 2019, 28 (2): 159 – 186.

Boulton T J, Smart S, Zutter C J, et al. Earnings quality and international IPO underpricing [J]. The Accounting Review, 2011, 86 (2): 483 – 505.

Boyer M M, Filion D. Common and fundamental factors in stock returns of Canadian oil and gas companies [J]. Energy Economics, 2007, 29 (3): 428 – 453.

Brau J C, Cicon J, Mcqueen G. Soft strategic information and IPO underpricing [J]. Journal of Behavioral Finance, 2016, 17 (1): 1 – 17.

Brockman P, Cicon J. The information content of management earnings forecasts: An analysis of hard versus soft information [J]. Journal of

Financial Research, 2013, 36 (2): 147 – 174.

Brown S, Tucker J W. Large-sample evidence on firms year-over-year MD&Amodifications [J]. Journal of Accounting Research, 2011 (49): 309 – 46.

Bushee B J, Gow I D, Taylor D J. Linguistic complexity in firm disclosures: Obfuscation or information? [J]. Journal of Accounting Research, 2018, 56 (1): 85 – 121.

Bushman R M, Smith A J. Financial accounting information and corporate governance [J]. Journal of Accounting and Economics, 2001, 32 (1 – 3): 237 – 333.

Campbell C J, Rhee S G, Du Y, et al. Market sentiment, IPO underpricing, and valuation [J]. Social Science Electronic Publishing, 2008.

Campbell J L, Chen H, Dhaliwal D S, et al. The information content of mandatory risk factor disclosures in corporate filings [J]. Review of Accounting Studies, 2014, 19 (1): 396 – 455.

Chaiken S. Heuristic versus systematic information processing and the use of source versus message cues in persuasion [J]. Journal of Personality and Social Psychology, 1980, 39 (5): 752 – 766.

Chakrabarty B, Seetharaman A, Swanson Z L, et al. Management risk incentives and the readability of corporate disclosures [J]. Financial Management, 2014, 47 (3): 583 – 616.

Chemmanur T J, Fulghieri P. Investment bank reputation, information production, and financial intermediation [J]. The Journal of Finance, 1994, 49 (1): 57 – 79.

Chen C, Gao S, Xing Z, et al. Mining analogical libraries in Q&A discussions—Incorporating relational and categorical knowledge into word embedding [C]. IEEE international conference on software analysis evolution and reengineering, 2016: 338 – 348.

Chen J V, Nagar V, Schoenfeld J. Manager-analyst conversations in earnings conference calls [J]. Review of Accounting Studies, 2018, 23 (4): 1315 – 1354.

Chin M V, Liu Y, Moffitt K. Voluntary disclosure through the ranking of risk factors in the 10 – K [J]. Available at SSRN 3142990, 2018.

Chychyla R, Leone A J, Minuttimeza M, et al. Complexity of financial reporting standards and accounting expertise [J]. Journal of Accounting and Economics, 2019, 67 (1): 226 – 253.

Colesanti J S. Demanding substance or form? The SEC's plain english handbook as a basis for securities violations [J]. Fordham Journal of Corporate & Financial Law, 2013, 18 (1): 95.

Cormier D, Ledoux M J, Maqnan M, et al. Corporate qovernance and imformation asymmetry between manaqers and investous [J]. Corporate Governance: The international joural business in society, 2010, 10 (5): 574 – 589.

Cornelli F, Goldreich D, Ljungqvist A. Investor sentiment and Pre-IPO markets [J]. Journal of Finance, 2006, 61 (3): 1187 – 1216.

Courtis J K. Corporate report obfuscation: Artefact or phenomenon? [J]. The British Accounting Review, 2004, 36 (3): 291 – 312.

Dale E, Chall J S. The concept of readability [J]. Elementary English, 1949, 26 (1): 19 – 26.

Dale E, Tyler R W. A study of the factors influencing the difficulty of reading materials for adults of limited reading ability [J]. The Library Quarterly, 1934, 4 (3): 384 – 412.

Davis A K, Ge W, Matsumoto D, et al. The effect of manager-specific optimism on the tone of earning conference calls [J]. Review of Accounting Studies, 2015, 20: 639 – 673.

Davis A K, Tama-Sweet I. Managers' use of language across alternative disclosure outlets: Earnings press releases versus MD&A [J]. Contemporary Accounting Research, 2012, 29 (3): 804 – 837.

De Franco G, Hope O K, Vyas D, et al. Analyst report readability [J]. Contemporary Accounting Research, 2015, 32 (1): 76 – 104.

Demers E, Vega C. Linguistic tone in earnings announcements: News or noise [J]. FRB International Finance Discussion Study, 2011, 951.

Derrien F. IPO pricing in "hot" market conditions: Who leaves money on the table? [J]. The Journal of Finance, 2005, 60 (1): 487 – 521.

Dietrich J R, Kachelmeier S J, Kleinmuntz D N, et al. Market efficiency, bounded rationality, and supplemental business reporting disclosures [J]. Journal of Accounting Research, 2001, 39 (2): 243 – 268.

Ding R. Disclosure of downside risk and investors' use of qualitative information: Evidence from the ipo prospectus's risk factor section [J]. International Review of Finance, 2016, 16 (1): 73 – 126.

D'Souza J, Ramesh K, Shen M. The interdependence between institutional ownership and information dissemination by data aggregators [J]. Accounting Review, 2010, 85 (1): 159 – 193.

DuBay W H. Smart language: Readers, readability, and the grading of text [M]. Impact Information, 2007a.

DuBay W H. The classic readability studies [J]. Online Submission, 2007b.

Dunegan K. GPA and attribute framing effects: Are better students more sensitive or more susceptible? [J]. Journal of Education for Business, 2010, 85 (4): 239 – 247.

Dyer T, Lang M, Stice-Lawrence L. The evolution of 10 – K textual disclosure: Evidence from Latent Dirichlet Allocation [J]. Journal of

Accounting and Economics, 2017, 64 (2 – 3): 221 – 245.

Ellsberg D. Risk, ambiguity, and the savage axioms [J]. Quarterly Journal of Economics, 1961, 75 (4): 643 – 669.

Ellul A, Pagano M. IPO underpricing and after-market liquidity [J]. Review of Financial Studies, 2006 19 (2): 381 – 421.

Elmy F J, LeGuyader L P, Linsmeier T J. A review of initial filings under the SEC's new market risk disclosure rules [J]. Journal of Corporate Accounting & Finance, 1998, 9 (4): 33 – 45.

Ertugrul M, Lei J, Qiu J, et al. Annual report readability, tone ambiguity, and the cost of borrowing [J]. Journal of Financial and Quantitative Analysis, 2017, 52 (2): 811 – 836.

Fama E F, French K R. Industry costs of equity [J]. Journal of Financial Economics, 1997, 43 (2): 153 – 193.

Feldman R, Govindaraj S, Livnat J, et al. Management's tone change, post earnings announcement drift and accruals [J]. Review of Accounting Studies, 2010, 15 (4): 915 – 953.

Ferris S P, Hao Q, Liao M Y. The effect of issuer conservatism on IPO pricing and performance [J]. Review of Finance, 2013, 17 (3): 993 – 1027.

Fishe R P H, North D S, Smith A. Words that matter for asset pricing: The case of IPOs [J]. Available at SSRN 2413934, 2014.

Flesch R. A new readability yardstick [J]. Journal of Applied Psychology, 1948, 32 (3): 221.

Flesch R F. Marks of readable style: A study in adult [D]. Bureau of Publications, Teachers College, Columbia University.

Garcia D, Norli Ø. Geographic dispersion and stock returns [J]. Journal of Financial Economics, 2012, 106 (3): 547 – 565.

Godfrey J, Mather P, Ramsay A. Earnings and impression management in financial reports: The case of CEO changes [J]. Abacus, 2003, 39 (1): 95 – 123.

Gray W S, Leary B E. What makes a book readable [M]. Univ. of Chicago Press, 1935.

Griffiths T L, Steyvers M. Finding scientific topics [J]. Proceedings of the National Academy of Sciences of the United States of America, 2004: 5228 – 5235.

Grinblatt M, Hwang C Y. Signalling and the pricing of new issues [J]. The Journal of Finance, 1989, 44 (2): 393 – 420.

Guay W, Samuels D, Taylor D. Guiding through the fog: Financial statement complexity and voluntary disclosure [J]. Journal of Accounting and Economics, 2016, 62 (2 – 3): 234 – 269.

Gul F A, Leung S. Board leadership, outside directors' expertise and voluntary corporate disclosures [J]. Journal of Accounting and Public Policy, 2004, 23 (5): 351 – 379.

Gunning R. The technique of clear writing [M]. McGraw-Hill, 1952.

Hall E T. Beyond culture [J]. Chicago, 1976, 43 (7): 4 – 20.

Hanley K W, Hoberg G. The information content of IPO prospectuses [J]. Review of Financial Studies, 2010, 23 (7): 2821 – 2864.

Hasan M M. Readability of narrative disclosures in 10 – K reports: Does managerial ability matter? [J]. European Accounting Review, 2020, 29 (1): 147 – 168.

Healy P M, Palepu K G. Information asymmetry, corporate disclosure and the capital markets: A review of the empirical disclosure literature [J]. Journal of Accounting and Economics, 2001, 31 (1): 405 – 440.

Henry E. Are Investors influenced by how earnings press releases are written [J]. Journal of Business Communication, 2008, 45 (4): 363 – 407.

Hirshleifer D. Investor psychology and asset pricing [J]. The Journal of Finance, 2001, 56 (4): 1533 – 1597.

Hoberg G, Phillips G M. Product market synergies and competition in mergers and acquisitions: A text-based analysis [J]. Review of Financial Studies, 2010, 23 (10): 3773 – 3811.

Hoberg G, Phillips G M. Text-Based network industries and endogenous product differentiation [J]. Journal of Political Economy, 2016, 124 (5): 1423 – 1465.

Hoitash R, Hoitash U. Measuring accounting reporting complexity with XBRL [J]. The Accounting Review, 2018, 93 (1): 259 – 287.

Hope O, Hu D, Lu H, et al. The benefits of specific risk-factor disclosures [J]. Review of Accounting Studies, 2016, 21 (4): 1005 – 1045.

Huang X, Teoh S H, Zhang Y. Tone management [J]. The Accounting Review, 2011, 89 (3): 1083 – 1113.

Hutton A P, Marcus A J, Tehranian H. Opaque financial reports, R2, and crash risk [J]. Journal of Financial Economics, 2009, 94 (1): 67 – 86.

Jebran K, Chen S, Zhu D H. Board informal hierarchy and stock price crash risk: Theory and evidence from China [J]. Corporate Governance: An International Review, 2019, 27: 341 – 357.

Jegadeesh N, Wu D. Word power: A new approach for content analysis [J]. Journal of Financial Economics, 2013, 110 (3): 712 – 729.

Jensen M C, Meckling W H. Theory of the firm: Managerial behavior, agency costs and ownership structure [J]. Journal of Financial Economics, 1976, 3 (4): 305 – 360.

Jones M J, Shoemaker P A. Accounting narratives: A review of empirical studies of content and readability [J]. Journal of Accounting Literature, 1994, 13: 142.

Kahneman D, Tversky A. Prospect theory: An analysis of decision under risk [J]. Econometrica, 1979, 47 (2): 263 – 291.

Kasznik R, Lev B. To warn or not to warn: Management disclosures in the face of an earnings surprise [J]. Accounting Review, 1995, 70 (1): 113 – 134.

Keser C, Willinger M. Theories of behavior in principal-agent relationships with hidden action [J]. European Economic Review, 2007, 51 (6): 1514 – 1533.

Kim C, Wang K, Zhang L. Readability of 10 – K reports and stock price crash risk [J]. Contemporary accounting research, 2019, 36 (2): 1184 – 1216.

Koh F, Walter T. A direct test of Rock's model of the pricing of unseasoned issues [J]. Journal of Financial Economics, 1989, 23 (2): 251 – 272.

Kothari S P, Shu S, Wysocki P D. Do managers withhold bad news? [J]. Journal of Accounting Research, 2009, 47 (1): 241 – 276.

Krause R, Semadeni M, Cannella A A. CEO duality: A review and research agenda [J]. Journal of Management, 2015, 40 (1): 252 – 282.

Kravet T, Muslu V. Textual risk disclosures and investors' risk perceptions [J]. Review of Accounting Studies, 2013, 18 (4): 1088 – 1122.

Kwon, O, Lee J. Text categorization based on k-nearest neighbor approach for website classification [J]. Information Processing & Management, 2003, 39: 25 – 44.

Laksmana I, Tietz W, Yang Y W. Compensation discussion and analysis (CD&A): Readability and management obfuscation [J]. Journal of Accounting and Public Policy, 2012, 31 (2): 185 – 203.

Lang M, Stice-Lawrence L. Textual analysis and international financial reporting: Large sample evidence [J]. Journal of Accounting and Economics, 2015, 60 (2 – 3): 110 – 135.

Lawrence A. Individual investors and financial disclosure [J]. Journal of Accounting and Economics, 2013, 56 (1): 130 – 147.

Lehavy R, Li F, Merkley K. The effect of annual report readability on analyst following and the properties of their earnings forecasts [J]. The Accounting Review, 2011, 86 (3): 1087 – 1115.

Leone A J, Rock S, Willenborg M, et al. Disclosure of intended use of proceeds and underpricing in initial public offerings [J]. Journal of Accounting Research, 2007, 45 (1): 111 – 153.

Leuz C, Verrecchia R E. The economic consequences of increased disclosure [J]. Journal of Accounting Research, 2000 (38): 91 – 124.

Li F. Annual report readability, current earnings, and earnings persistence [J]. Journal of Accounting & Economics, 2008, 45 (2): 221 – 247.

Li F. Do stock market investors understand the risk sentiment of corporate annual reports? [J]. Available at SSRN, 898181, 2006.

Li F. Textual analysis of corporate disclosures: A survey of the literature [J]. Journal of Accounting Literature, 2010, 29: 143 – 165.

Lim E K Y, Chalmers K, Hanlon D. The influence of business strategy on annual report readability [J]. Journal of Accounting and Public Policy, 2018, 37 (1): 65 – 81.

Liu Y, Liu L, Liu H, et al. Analyzing reviews guided by App descriptions for the software development and evolution ［J］. Journal of Software Maintenance and Evolution, 2018, 30 (12): e2112. 1 – e2112. 22.

Lively B A, Pressey S L. A method for measuring the vocabulary burden of textbooks ［J］. Educational Administration and Supervision, 1923, 9: 389 – 398.

Ljungqvist A. IPO underpricing ［M］. Handbook of Empirical Corporate Finance. Elsevier, 2007: 375 – 422.

Ljungqvist A, Nanda V, Singh R. Hot markets, investor sentiment, and IPO pricing ［J］. The Journal of Business, 2006, 79 (4): 1667 – 1702.

Lo K, Ramos F, Rogo R. Earnings management and annual report readability ［J］. Journal of Accounting and Economics, 2017, 63 (1): 1 – 25.

Loughran T, McDonald B. IPO first-day returns, offer price revisions, volatility, and form S – 1 language ［J］. Journal of Financial Economics, 2013, 109 (2): 307 – 326.

Loughran T, McDonald B. Measuring readability in financial disclosures ［J］. The Journal of Finance, 2014, 69 (4): 1643 – 1671.

Loughran T, McDonald B. Textual analysis in accounting and finance: A survey ［J］. Journal of Accounting Research, 2016, 54 (4): 1187 – 1230.

Loughran T, McDonald B, Textual Analysis in Finance ［J］. Available at SSRN, 3470272, 2020.

Loughran T, McDonald B. When is a liability not a liability? Textual analysis, dictionaries, and 10 – Ks ［J］. The Journal of Finance, 2011, 66 (1): 31.

Loughran T, Ritter J R, Rydqvist K, et al. Initial public offerings: International insights [J]. Pacific-basin Finance Journal, 1994, 2 (1): 165 – 199.

Lowry M, Shu S. Litigation risk and IPO underpricing [J]. Journal of Financial Economics, 2002, 65 (3): 309 – 335.

Lundholm R J, Rogo R, Zhang J L. Restoring the tower of Babel: How foreign firms communicate with US investors [J]. The Accounting Review, 2014, 89 (4): 1453 – 1485.

Luo J, Li X, Chen H. Annual report readability and corporate agency costs [J]. China Journal of Accounting Research, 2018, 11 (3): 187 – 212.

Mayew W J, Venkatachalam M. The power of voice: Managerial affective states and future firm performance [J]. The Journal of Finance, 2012, 67 (1): 1 – 43.

Melloni G, Stacchezzini R, Lai A. The tone of business model disclosure: An impression management analysis of the integrated reports [J]. Journal of Management & Governanc, 2016, 20 (2): 295 – 320.

Merkldavies D M, Brennan N M, Mcleay S J. Impression management and retrospective sense-making in corporate narratives [J]. Accounting, Auditing & Accountability Journal, 2011, 24 (3): 315 – 344.

Miller B P. The effects of reporting complexity on small and large investor trading [J]. The Accounting Review, 2010, 85 (6): 2107 – 2143.

Miller D T, Ross M. Self-serving biases in the attribution of causality: Fact or fiction? [J]. Psychological Bulletin, 1975, 82 (2): 213 – 225.

Miller G A. The Magical number seven plus or minus two: Some limits on our capacity for processing information [J]. Psychological Review, 1956, 63 (2): 81 – 97.

Nelson K K, Pritchard A C. Litigation risk and voluntary disclosure: The use of meaningful cautionary language ［J］. SSRN, 2007, 37 （1）: 223 – 228.

Odean T. Are investors reluctant to realize their losses ［J］. Journal of Finance, 1998, 53 （5）: 1775 – 1798.

Park H D, Patel P C. How does ambiguity influence ipo underpricing? The role of the signalling environment ［J］. Journal of Management Studies, 2015, 52 （6）: 796 – 818.

Peng J, Jiang Y, Miao D, et al. Framing effects in medical situations: Distinctions of attribute, goal and risky choice frames ［J］. Journal of International Medical Research, 2013, 41 （3）: 771 – 776.

Price S M, Doran J S, Peterson D R, et al. Earnings conference calls and stock returns: the incremental informativeness of textual tone ［J］. Journal of Banking and Finance, 2012, 36 （4）: 992 – 1011.

Purda L, Skillicorn D. Accounting variables, deception, and a bag of words: Assessing the tools of fraud detection ［J］. Contemporary Accounting Research, 2015, 32 （3）: 1193 – 1223.

Rennekamp K. Processing fluency and investors' reactions to disclosure readability ［J］. Journal of Accounting Research, 2012, 50 （5）: 1319 – 1354.

Rhodes – Kropf M, Robinson D T. The market for mergers and the boundaries of the firm ［J］. Journal of Finance, 2008, 63 （3）: 1169 – 1211.

Ritter J R, Welch I. A review of IPO activity, pricing, and allocations ［J］. The Journal of Fanance, 2002 57 （4）: 1795 – 1828.

Rock K. Why new issues are underpriced ［J］. Journal of Financial Economics, 1986, 15 （1）: 187 – 212.

Roux J P. An interlocutory analysis as a methodological approach in studying cognitive-linguistic mediations: Interest, difficulties, and limits

[J]. European Journal of Developmental Psychology, 2008, 5 (5): 609 – 622.

Salton G, Wong A, Yang C S, et al. A vector space model for automatic indexing [J]. Communications of the ACM, 1975, 18 (11): 613 – 620.

Sherman L A. Analytics of literature: A manual for the objective study of English prose and poetry [M]. Ginn, 1893.

Shleifer A, Vishny R W. Politics of market socialism [J]. Journal of Economic Perspectives, 1994, 8 (2): 165 – 176.

Simon H A. Bounded rationality and organizational learning [J]. Organization Science. 1991, 2 (1): 125 – 134.

Singhal A. Modern information retrieval: A brief overview [J]. IEEE Data Eng. Bull. , 2001, 24 (4): 35 – 43.

Solomon D H. Selective publicity and stock prices [J]. The Journal of Finance, 2012, 67 (2): 599 – 638.

Solomon J F, Solomon A, Norton S D, et al. A conceptual framework for corporate risk disclosure emerging from the agenda for corporate governance reform [J]. British Accounting Review, 2000, 32 (4): 447 – 478.

Spence M. Job market signaling [J]. Quarterly Journal of Economics, 1973, 87 (3): 355 – 374.

Stiglitz J E. The theory of screening, education, and the distribution of income [J]. The American Economic Review, 1975, 65 (3): 283 – 300.

Stoll H R, Curley A J. Small business and the new issues market for equities [J]. Journal of Financial and Quantitative Analysis, 1970: 309 – 322.

Stoughton N M, Wong K P, Zechner J, et al. IPOs and product quality [J]. The Journal of Business, 2001, 74 (3): 375 – 408.

Sung Y T, Chen J L, Cha J H, et al. Constructing and validating readability models: The method of integrating multilevel linguistic features with machine learning [J]. Behavior Research Methods, 2015, 47 (2): 340 – 354.

Tan H T, Wang E Y, Zhou B. When the use of positive language backfires: The joint effect of tone, readability, and investor sophistication on earning s judgments [J]. Journal of Accounting Research, 2014, 52 (1): 273 – 302.

Tetlock P C. Giving content to investor sentiment: The role of media in the stock market [J]. The Journal of Finance, 2007, 62 (3): 1139 – 1168.

Thng T. Do VC-backed IPOs manage tone? [J]. The European Journal of Finance, 2019: 1 – 28.

Tseng K C. Behavioral finance, bounded rationality, neuro-finance, and traditional finance [J]. Investment Management and Financial Innovations, 2006, 3 (4): 7 – 18.

Tversky A, Kahneman D. The framing of decisions and the psychology of choice [J]. Science, 1981, 211 (4481): 453 – 458.

Vogel M, Washburne C. An objective method of determining grade placement of children's reading material [J]. The Elementary School Journal, 1928, 28 (5): 373 – 381.

Wang Z, Hsieh T S, Sarkis J. CSR performance and the readability of CSR reports: Too good to be true? [J]. Corporate Social Responsibility and Environmental Management, 2018, 25 (1): 66 – 79.

Wei L, Li G, Zhu X, et al. Developing a hierarchical system for energy corporate risk factors based on textual risk disclosures [J]. Energy Economics, 2019, 80: 452 – 460.

Welch I. Seasoned offerings, imitation costs, and the underpricing of initial public offerings [J]. The Journal of Finance, 1989, 44 (2): 421 – 449.

Yang R, Yu Y, Liu M, et al. Corporate risk disclosure and audit fee: A text mining approach [J]. European Accounting Review, 2018, 27 (3): 583 – 594.

Zhao M, Ke Y, Yi Y. The effects of risk factor disclosure on analysts' earnings forecasts: Evidence from Chinese IPOs [J]. Asia-Pacific Journal of Accounting & Economics, 2020 (2): 1 – 30.

Zhou K, Zhou B, Liu H. IPO underpricing and information quality of prospectuses [J]. The Singapore Economic Review, 2020, 65 (6): 1559 – 1557.

图书在版编目（CIP）数据

上市公司信息披露与市场反应：基于招股说明书和 IPO 抑价的研究 / 周阔著. -- 北京：社会科学文献出版社，2024.1

（东北亚研究院学者论丛）

ISBN 978 - 7 - 5228 - 2609 - 7

Ⅰ.①上… Ⅱ.①周… Ⅲ.①上市公司 - 会计信息 - 研究 - 中国 ②上市公司 - 企业管理 - 研究 - 中国 Ⅳ. ①F279.246

中国国家版本馆 CIP 数据核字（2023）第 193267 号

东北亚研究院学者论丛

上市公司信息披露与市场反应：基于招股说明书和 IPO 抑价的研究

著　　者 / 周　阔

出 版 人 / 冀祥德
责任编辑 / 高　雁
文稿编辑 / 赵亚汝
责任印制 / 王京美

出　　版 / 社会科学文献出版社·经济与管理分社（010）59367226
　　　　　地址：北京市北三环中路甲 29 号院华龙大厦　邮编：100029
　　　　　网址：www.ssap.com.cn
发　　行 / 社会科学文献出版社（010）59367028
印　　装 / 三河市龙林印务有限公司

规　　格 / 开　本：787mm × 1092mm　1/16
　　　　　印　张：14.25　字　数：184 千字
版　　次 / 2024 年 1 月第 1 版　2024 年 1 月第 1 次印刷
书　　号 / ISBN 978 - 7 - 5228 - 2609 - 7
定　　价 / 138.00 元

读者服务电话：4008918866